Ein Schuss – zwei Tote

Dienstliche Auswirkungen
Gefühle
sonstiges/Ereignisse

W0418121

Martina Drosta

EIN SCHUSS – ZWEI TOTE

Resümee einer Polizistin

Engelsdorfer Verlag
2009

Bibliografische Information durch die Deutsche Nationalbibliothek: Die Deutsche Nationalbibliothek verzeichnet diese Publikation in der Deutschen Nationalbibliografie; detaillierte bibliografische Daten sind im Internet über http://www.d-nb.de abrufbar.

ISBN 978-3-86901-692-4

Copyright (2009) Engelsdorfer Verlag
Alle Rechte beim Autor
Hergestellt in Leipzig, Germany (EU)
www.engelsdorfer-verlag.de

11,00 Euro (D)

September 2007

So. Jetzt ist es soweit. Nächsten Monat werde ich 32, hab grad wieder einmal eine längere Beziehung mehr oder weniger mitverschuldet in den Sand gesetzt, und mich vorgestern im Internet in einer Singlebörse angemeldet.

Jetzt bin ich auch einer von den hoffnungslosen Fällen, die auf „normalem" Weg keinen Partner abkriegen und hoffen, auf diese Weise ihrem Traummann online zu begegnen.

Männershopping. Ein Klick, ab in den Warenkorb, versandkostenfrei, aber ohne Umtauschrecht.

Und tatsächlich, es melden sich Männer auf meine Anzeige.

Das wäre ein extra Kapitel wert, was man da für „Angebote" unterbreitet bekommt.

Jedenfalls war beim Ausfüllen dieses Onlineformulars zur Erstellung meines Profils wieder das unbehagliche Gefühl, als es zur Spalte Beruf ging. Eigentlich bin ich ja Polizistin. Noch. Aber keine richtige. Polizeidienstunfähig. Keine Hilfsbeamtin der Staatsanwaltschaft mehr, nicht mehr zum Führen von Dienstwaffen berechtigt.

Wie auch immer, Polizistin hätte ich sowieso nie geschrieben, hab keine Lust, über Strafzettel zu diskutieren oder mir Geschichten über unhöfliche Polizisten bei Verkehrskontrollen anhören zu müssen.

Okay, schreib ich halt Beamtin. Noch besser: Verwaltungsbeamtin. Klingt neutral, langweilig, spießig, was soll's, da fragt bestimmt keiner nach, ist zu uninteressant.

Meine Gedanken schweifen ab. Wenn man jemanden neu kennen lernt, kommt zwangsläufig irgendwann einmal eine Frage in Richtung: „Und, was machst du so beruflich?"

Wie in aller Welt soll ich jemandem, den ich nicht gleich vergraulen will, die letzten Jahre erklären, ohne, dass er den Kontakt zu mir sofort wieder abbricht?

Ich hab da schon die merkwürdigsten Reaktionen erlebt, sag ich die Wahrheit, löst das meist Fragen über Fragen aus, die mich dann irgendwann zum Heulen bringen. Plötzlich bin ich als Mensch uninteressant geworden. Da zählen dann nur die ach so spannenden Polizeierlebnisse.

Oder, ich antworte ausweichend, was ein halbwegs intelligenter Zuhörer natürlich sofort bemerkt und sich zu Recht seinen Teil denkt, ob ich vielleicht was zu verbergen habe.

So weit, zu lügen und oder zu erfinden, dass ich Friseurin bin oder im Supermarkt als Kassiererin arbeite, bin ich bislang noch nicht gegangen, da hätte ich zu viel Angst, dass mein Lügengerüst ganz schnell zusammenstürzt. Und dann?

Gleich, nachdem ich mich in der Börse angemeldet habe, hat mir ein ganz witziger Kerl geantwortet, der offensichtlich meine Art von Humor besitzt, und sich einfach meilenweit von den anderen Zuschriften abgehoben hat. Nach ein paar E-Mails hat unser erstes Telefonat gleich 5 ½ Stunden gedauert, und es war für mich richtig anstrengend, das Thema immer wieder von mir und vor allem von meinem Beruf abzulenken. Als das unvermeidbare Thema Beruf dann doch konkret zur Sprache kam, habe ich angedeutet, dass das für mich im Moment sehr schwierig ist und ich das alles lieber einmal persönlich erzählen möchte, als am Telefon darüber zu sprechen. Kein Nachfragen, ich war richtig erleichtert. Nächstes Wochenende wollten wir uns mal treffen.

Tja, das Thema Beruf, aufgeschoben ist nicht aufgehoben.

Vielleicht fragt er ja auch gar nicht danach …

Wäre praktisch, wenn ich ihm einfach eine schriftliche Aufzeichnung über alles geben könnte, dann müsste ich nicht soviel erklären.

Den Drang, einfach einmal aufzuschreiben, was in den letzten zwölf Jahren im Dienst alles passiert ist, hatte ich schon lange. Bisher fehlte mir jedoch immer irgendwie der richtige Einstieg. Um es für mich noch einmal aufzuarbeiten, wollte ich alles aufschreiben, was mich bewegt und verändert hat, auch wenn es für andere noch so unbedeutend klingen mag. Irgendwie hat es ja wohl seinen Grund, wenn man sich Jahre später immer noch an das eine oder andere genau erinnern kann oder sich noch genauso über etwas Bestimmtes aufregen kann, als ob es gestern erst passiert ist.

Außerdem denke ich, es macht Sinn, interessierten Leuten insbesondere aus meinem Umfeld einige Dinge zu erklären, die mich so sehr geprägt haben und wodurch ich letztendlich so geworden bin, wie ich jetzt eben bin.

1995

Nach dem Abitur wollte ich möglichst schnell mein eigenes Geld verdienen und unabhängig von meinen Eltern werden, also kam Studieren für mich gar nicht in Frage. Trotzdem wollte ich irgendetwas machen, wozu ich mein Abitur brauchen konnte. Ich quäle mich doch nicht noch drei Jahre zusätzlich durchs Abitur, wenn ich dann eine Lehre anfange, die ich auch nach der zehnten Klasse ohne Abitur hätte machen können.

Durch einen Bekannten, der Polizist war, hat sich die Idee bei mir festgesetzt, auch was in diese Richtung zu machen. Umso mehr ich mich mit dem Beruf beschäftigt habe, desto mehr hat er mich interessiert, irgendwann hab ich für mich gar keine Alternative mehr gesehen, ich wusste für mich, das ist es.

Als ich dann noch erfahren habe, dass mir mein Abitur nützen und ich einen so genannten Direkteinstieg in den gehobenen Dienst machen könnte, stand meine Berufswahl fest.

Dass ich gleich von Anfang an Geld verdienen würde, war schon auch ein Argument.

Jedenfalls musste ich ein Beamtenausleseverfahren für den gehobenen Dienst mitmachen. Ich hatte mich zweigleisig auch für den mittleren Dienst beworben und die Zusage dafür schon erhalten.

Dass ich zur Polizei gehe, egal ob in den mittleren oder gehobenen Dienst, stand für mich ja wie gesagt schon fest.

Mitte August 1995 erhielt ich dann, zwei Wochen bevor es losging, die erlösende Nachricht, dass ich zum 1. September im gehobenen Dienst anfangen könnte. Na ja, immerhin hat man nicht ganz vergessen, mich zu informieren.

September 1995

Zunächst stand ein halbes Jahr Grundausbildung in Königsbrunn in der Bereitschaftspolizeiabteilung an.

Ich habe nie verstanden warum ich – obwohl ich gleich mit 18 meinen Führerschein gemacht hatte und zu diesem Zeitpunkt schon seit fast zwei Jahren mit dem Auto meines Vaters herum gefahren war – den Führerschein komplett noch mal machen musste.

Einschließlich Theorieunterricht, diesen tollen Fragebögen, mit Fahrstunden und mit Prüfung. Mir erging es da natürlich wie allen anderen Kollegen.

In meiner Gruppe waren auch wesentlich ältere Kollegen dabei, die zwölf Jahre Zeitsoldaten oder beim Bundesgrenzschutz waren, selbst die mussten durch diese Prozedur.

Ich möchte nicht wissen, was man in dieser Zeit für sinnvollere Ausbildungsinhalte vermitteln hätte können, geschweige denn, was da an Geld eingespart hätte werden können.

Dummerweise bin ich dann auch tatsächlich noch durch die praktische Fahrprüfung gefallen. Gleich zu Beginn meiner Prüfungsfahrt und noch auf dem Gelände der Bereitschaftspolizeiabteilung, habe ich nach Meinung des Prüfers eine Rechts-vor-Links-Regelung nicht beachtet.

Ich könnte mich heute noch aufregen.

Da gab es ein Tor im Zaun, das nur immer um 16.00 Uhr bei Dienstschluss geöffnet wurde, um den Hauptzugang, aufgrund des hohen Andrangs von nach Hause strömenden Polizisten zu entlasten. Ansonsten war dieses Tor immer versperrt, und an diesem Zugang bin ich natürlich unbeeindruckt vorbeigefahren. Es war ja schließlich nicht 16.00 Uhr und das Tor war zu. In meinen Augen damals, wie heute Erbsenzählerei. Die Prüfungsfahrt war aber damit nicht zu Ende. Erst nach einer Stunde Irrfahrt durch Augsburg, habe ich erfahren, dass ich gleich in der ersten Minute durchgefallen war.

Besänftigt hat mich dann die Tatsache, dass der Prüfer, ein Kollege aus der Stabsabteilung, es ja nur gut gemeint hatte. Seine Tochter und sein Enkelkind waren laut Aussage meines Fahrlehrers bei einem Verkehrsunfall, den die Tochter selbst verschuldet hatte, ums Leben gekommen und seit der Zeit legte er wohl bei Frauen besonderen Wert auf korrekte Fahrweise. Die Durchfallquote bei Frauen war dementsprechend hoch.

Ich hatte schon so meine Probleme, mich in diese Polizeihierarchie einzufinden und konnte das alles nicht immer wirklich ernst nehmen. Heute spielen wir mal wieder Bundeswehr – hab ich mir oft gedacht, nix Halbes und nix Ganzes.

Auf die schicke Uniform war ich auch nicht besonders stolz. Das lag wohl am Schnitt und vor allem an den Farben, für die es keine zutreffende Bezeichnung gibt. Manche nannten es bisweilen Gänsescheißegrün, was ich sehr passend fand. Ich erkenne bereits von weitem Kollegen in Räuberzivil, allein wegen dieser hässlichen Hosenfarbe.

1996

Wichtig war nach diesem ersten halben Jahr nur, dass man den Führerschein bestanden und verschiedene

Sportleistungen erfüllt hatte, sowie eine gewisse Schießleistung nachweisen konnte.

Und immer mit korrekter Uniform und geputzten Schuhen rechtzeitig morgens und nach dem Mittagessen auf dem Vorplatz der Unterkunft in Reih und Glied angetreten war. Mein Konsum an Haarspraydosen war enorm. Ein Tipp vom Kollegen, der damit so seine Schuhe immer zum glänzen gebracht hat.

Ab März 1996 ging die Ausbildung an der Beamtenfachhochschule Fachbereich Polizei im Kloster Fürstenfeldbruck weiter. Eine echte Quälerei, da manche Lehrer dort ganz offensichtlich versteckt worden waren, um woanders nicht noch größeren Schaden an der Gesellschaft anrichten zu können.

Einige hatten tatsächlich Overheadfolien aufgelegt, die auf die siebziger Jahre datiert waren. Der Hinweis der Lehrer, dass sich vielleicht etwas geändert haben könnte, war vollkommen überflüssig. Wenn man schon uralte Unterrichts-Materialien verwendet, sollte man in meinen Augen zumindest das Datum unkenntlich machen.

Einer der Lehrer lief grundsätzlich mit Fliege und weißen Schuhen herum und konnte sich wiederholt über die morgendlichen Spiegeleier in der Kantine unterhalten, die man sich immer dienstags und donnerstags zubereiten konnte. Das heißt, es gab die rohen Eier, die man sich dann selbst braten musste. Ein

Studienanfänger hatte das wohl nicht gewusst und somit unabsichtlich und sich der Folgen nicht bewusst, die fertig gebratenen Eier dieses Lehrers weggeschnappt. Seitdem hielt der Lehrer allen neu angekommenen Studierenden erst einmal einen Vortrag, damit nicht noch einmal so ein Spiegeleier-Skandal passiert.

Von einem anderen Lehrer hatte man behauptet, er habe in einem Mordfall eines bekannten bayrischen homosexuellen Schauspielers versagt und war daraufhin in der Fachhochschule als Lehrer versteckt worden.

Von einem weiteren erzählte man, er habe sich auf dem Schreibtisch seines Dienststellenleiters mit dessen Frau vergnügt und sich dabei auch noch von seinem Chef erwischen lassen.

Also die Tratscherei war schon unbeschreiblich, aber umso besser man die Lehrer kennen lernte, umso mehr musste man der Tratscherei zwangsläufig Glauben schenken.

Mit der nötigen Portion Humor übersteht man das doch, nach einem halben Jahr ging dann im September das erste heiß ersehnte Praktikum los. Für ein halbes Jahr kam ich auf die Polizeiinspektion 42 in München, im Stadtviertel Neuhausen, wo ich geboren und aufgewachsen bin. Ich hab wirklich gedacht, ich hätte dort einen Heimvorteil, weil ich mich in dieser Gegend auskenne, aber selbst mit Stadtplan fand ich manchmal Einsatzorte nicht auf Anhieb.

Das war alles furchtbar aufregend für mich, vor allem wusste ich auch nicht, ob ich wirklich beim Anblick der ersten Leiche so cool bleiben würde, wie es von einer Polizistin erwartet wird.

Bei einer Obduktion hatten wir im Rahmen der Ausbildung zwar schon zugesehen, aber jetzt, so im echten Polizeialltag?

Meine erste Obduktion, ja da hat's mich richtig gerissen. Hierzu sollte ich jetzt wohl besser etwas weiter ausholen.

Ich war neun Jahre alt, da bin ich zusammen mit einer Freundin auf einem Gerüst im Innenhof unseres Wohnblocks herumgeklettert, die Fassade wurde neu gestrichen. Im ersten Stock wohnte damals eine alte allein stehende Frau mit langen weißen zum Zopf geflochtenen Haaren. Für sie habe ich oft kleinere Einkäufe erledigt und im Gegenzug wurde ich mit Süßigkeiten versorgt.

Beim Klettern konnten wir durch die offene Balkontüre einen weißen Zopf am Boden erkennen. Auf Zurufe keine Reaktion, meine Mutter meinte, ich soll doch schnell reinklettern da ich ja eh schon auf Balkonhöhe war, und ihr dann von innen aufmachen.

Meine erste Begegnung mit einer Leiche, ich wusste allerdings nicht, dass die Frau tot war. Sie lag ganz merkwürdig auf dem Rücken, über einen Stuhl gebogen, als ob sie rückwärts eine Brücke geschlagen und man ihr dann einen Stuhl unter den Rücken geschoben hat.

Wie gesagt, ich war neun Jahre alt, also war das 1984.

Und 1996 wurde als Vorbereitung auf die Obduktion ein Vortrag gehalten, unter anderem über sichere Todeszeichen, also über Merkmale, woran man erkennt, dass jemand wirklich tot ist. Dazu gehört auch die Totenstarre.

Plötzlich wurde ein Foto gezeigt von eben genau dieser Frau mit dem weißen Haarzopf. Zum Thema Totenstarre. Auch ohne den Stuhl hätte die Frau immer noch in ihrer Rücklings-Brücken-Haltung stehen bleiben können. Skurril.

Die Frau hatte stark Diabetes, und durch diese Stoffwechselstörung bedingt, war es wohl möglich, dass die Totenstarre so lang so stabil bestehen konnte.

War ein komisches Gefühl, jemanden den man kannte dann als „witziges“ Beispiel für außergewöhnliche Totenstarre vorgesetzt zu bekommen.

Einige Jahre später, echt unfassbar, wie es manchmal so läuft, hab ich die Frau wieder in einem Vortrag, wieder bei einer Obduktion, wieder auf einem Bild gesehen. Diesmal ging es nicht um Totenstarre, sondern um das Thema Todesursachen und Hinweise auf Ersticken und Erhängen.

In den Bindehautsäcken unter den Augen entstehen punktförmige Einblutungen in Stecknadelkopfgröße, wenn auf welche Weise auch immer am Hals die Luft abgeschnürt wird.

Ja und als Beispiel dafür, dass nicht alle punktförmigen Einblutungen auf Gewalteinwirkung hindeuten, wurde ein Foto von der Frau mit dem weißen Zopf gezeigt. Ihre Bindehautsäcke unter den Augen waren nach unten gezogen und man konnte riesige rote Punkte erkennen, wohl bedingt durch die merkwürdige Situation beim Auffinden (darauf wurde natürlich wieder ein Foto von der skurrilen Haltung über dem Stuhl gezeigt).

Ich fragte mich dann schon, wie oft diese Frau noch für Beispiele von außergewöhnlichen Phänomenen in der Rechtsmedizin herhalten muss? Es war schwer mir vorzustellen, dass man selbst einmal nach seinem Ableben noch Jahrzehnte später in Vorträgen als Musterbeispiel für irgendetwas abgehandelt wird. Irre. Kann man nur hoffen, dass man mal ganz langweilig und uninteressant einfach einschläft und nicht mehr aufwacht.

Jedenfalls konnte ich es gar nicht erwarten, bis ich meine erste Leiche im Dienst bekomme. Lange musste ich nicht darauf warten.

Das war dann ein junger, zuckerkranker Schwarzafrikaner, Ende zwanzig und offenbar Bodybuilder, was man ihm auch angesehen hat.

Allerdings hat man ihm auch gleich angesehen, dass seine Muskelberge nicht natürlich gewachsen sein konnten. Sein Anabolikamissbrauch hatte sich auch nicht wirklich gut mit seiner Diabeteserkrankung vertragen. Er hatte wohl mitten in der Nacht nackt Liegestützen neben dem Bett gemacht und ist währenddessen gestorben. Währenddessen heißt in dem Fall, als er gerade mit durchgesteckten Armen oben war. So ist er dann auch in Totenstarre gefallen.

Dank meiner „Erfahrung“ aus der Obduktion, folgerte ich daraus, dass diese Haltung wohl mit der Diabeteserkrankung zusammenhängen müsste.

Vermutlich werden die Fotos des Toten jetzt gleich nach denen der alten Frau mit dem weißen Zopf hergezeigt. Als weiteres Beispiel für skurrile Totenstarre.

War sehr interessant. Auch das ganze Drumherum.

Die Freundin des Bodybuilders ist am Morgen neben ihrem toten Lebensgefährten aufgewacht und war natürlich völlig fertig mit den Nerven. Mein Kollege hat das Krisen-Interventions-Team, genannt KIT, eine Art psychologische Erstversorgung in Notfällen, angefordert.

Und diese Krisenhelfer wollten unbedingt, dass sich die Frau von ihren Freund verabschiedet und den Toten nochmals berührt.

Zu diesem Zeitpunkt waren wir als Streifenpolizisten mit unserem Erstzugriff fertig und der Fall war an die mittlerweile eingetroffenen Kollegen von der Todesermittlung übergeben worden, so, dass ich vor den panischen Schreien der Frau fliehen konnte, die jetzt tatsächlich gegen ihren Willen zu ihrem toten Freund geschleift wurde. Ich ärgerte mich über die gefühllose Art, wie mit dieser Frau umgesprungen wurde. Vielleicht hat hier meine Abneigung gegen alles, was unter den Begriff Psychologe fällt, ihren Ursprung. Ich bin mir ziemlich sicher.

Die erste Leiche vergisst man nicht, heißt es und ich kann das für mich schon bestätigen. An meine erste Leiche im zivilen Leben und meine erste im Polizeidienst, kann ich mich noch genau erinnern.

Zukünftig hab ich die Erfahrung gemacht, dass es für mich umso schwerer war mit Leichen umzugehen, umso „frischer" und „lebendiger" die Leichen waren. Klar, der Ekelfaktor steigt ins Unermessliche, umso länger jemand vielleicht noch bei 35 Grad im Schatten und aufgedrehter Heizung liegt und als Brutstätte für Insekten dient, aber was man dann findet hat augenscheinlich nicht mehr viel mit einem menschlichen Lebewesen gemeinsam.

Aber wenn ein Körper noch warm ist und friedlich schlafend daliegt, war das für mich nicht wirklich greifbar, dass dieser Mensch jetzt tot sein soll.

Die Thematik übte jedoch schon einen gewissen Reiz auf mich aus, obwohl ich mir nie vorstellen hätte können, täglich mit Leichen umzugehen. Allein an den Gestank hätte ich mich nie gewöhnen können und die Knackgeräusche, wenn zum Beispiel der Schädel während der Obduktion aufgebrochen wird. Das brauch ich auch nicht täglich.

Respekt vor allen Kollegen – hm ich sag immer noch Kollegen – und allen anderen Berufsgruppen, die täglich mit Leichen zu tun haben.

Mit meinen Schichtkollegen kam ich super klar und habe mich schnell in meiner Dienstgruppe wohl gefühlt. Es stand für mich dann schon fest, dass ich wenn möglich, nach meiner Ausbildung auf diese Inspektion will und auch in diese Dienstgruppe. Es war einfach eine große Bandbreite an verschiedensten Fällen im Gebiet und immer war was los. Der Dienstgruppenleiter war ein väterlicher Typ und ein wandelndes Polizei-Lexikon, der seit seiner Ausbildung zum gehobenen Dienst nichts anderes gemacht hat, als diese Schicht zu leiten, eine von vier Dienstgruppen, die sich im Wechselrhythmus ablösten.

Es hätte auch anders laufen können, da die äußeren Umstände schon schwierig waren. Durch den Direkteinstieg in den gehobenen Dienst, überspringt man sozusagen den mittleren Dienst und man wird nach erfolgreicher Ausbildung gleich zum Kommissar befördert, wofür andere Kollegen im mittleren Dienst erst einmal lange gute Leistungen bringen und sich gegen eine große Konkurrenz durchsetzen müssen, um die Chance auf ein Studium zu erhalten und somit in den gehobenen Dienst aufsteigen zu können.

Ich hatte das Glück, dass die Dienstgruppe schon mehrfach mit so genannten KiKo's (Kinder-Kommissaren) zu tun hatte und wohl schon an diese „Ungerechtigkeit" gewöhnt war. Entweder war keiner neidisch in der Dienstgruppe oder man hat sich mir gegenüber gut verstellt, jedenfalls habe ich nichts davon gespürt und versucht, möglichst schnell und viel aufzuschnappen.

Der Teamgeist und Zusammenhalt in der Gruppe hat mich schon auch fasziniert.

Das wurde mir besonders in einem Einsatz deutlich, als wir zu einem brennenden Pkw geschickt wurden. Das Auto eines Pizzeriabetreibers war vor dessen Restaurant in Brand gesteckt worden, der Benzinkanister neben dem Auto war unübersehbar. Ich stand relativ weit weg vom Brandherd und habe Zeugen befragt, während die Feuerwehr Löschversuche unternommen hat. Der Kofferraum des Pkw ist plötzlich explodiert und das Feuer breitete sich zunächst weiter aus.

Mein Streifenpartner hat sich gleich richtig Sorgen um mich gemacht, denn mir lief Blut im Gesicht herunter was ich gar nicht gemerkt hatte. Einen Moment lang war das Feuer nicht mehr von Bedeutung. Mit einem Funkspruch an die Einsatzzentrale, dass eine Kollegin verletzt worden wäre, hatte sich alles kurzzeitig nur noch um mich gedreht. Wie sich die Kollegen um mich gekümmert haben, fand ich echt bewegend.

Letztendlich hatte mich bei der Explosion ein Metallsplitter unterhalb des linken Auges getroffen, der mir in der Notaufnahme operativ entfernt wurde. Ärgerlich war nur, dass die Wunde offenbar nicht richtig gesäubert worden war und nie richtig abheilte. Ein schwarzer Strich – wie eintätowiert – blieb übrig, so, dass ich es nochmals ausschneiden lassen musste.

War ich aber froh, dass das nicht im wahrsten Sinne des Wortes ins Auge gegangen war.

Die Zeit während des Praktikums war für mich privat sehr schwierig. Man hatte bei meiner Mutter Brustkrebs festgestellt, eine Brust musste ihr daraufhin abgenommen werden und es folgte eine Chemotherapie und Reha-Maßnahmen. Ich hatte immer ein sehr intensives Verhältnis zu ihr, auch ohne große Worte hat sie stets gefühlt, wie es mir geht und umgekehrt. Sie war eine einfache Frau mit der man besser nicht über politisches

Zeitgeschehen diskutierte, aber das hat mir auch immer geholfen, die Bodenhaftung zu behalten.

Meine Mutter hat eine Weile gebraucht, um sich mit ihrer Situation abzufinden. Ich ging seltsamerweise recht locker damit um, war optimistisch und war mir sicher, dass sie wieder gesund wird. Wir haben sie überredet gleich einen Wiederaufbau der abgenommenen Brust machen zu lassen, sie zog einfach zu gern Dirndl an und sprang im Schrebergarten im Bikini auf und ab.

War auch die richtige Entscheidung sie zu überreden. Obwohl das optische Ergebnis meinen Ansprüchen nicht genügt hat. Beim ersten Anblick bin ich richtig erschrocken. Aber meine Mutter war zufrieden, und ich kam dadurch auch zurecht. Hauptsache, sie war wieder gesund.

In dieser Phase bin ich zwischen den Teilschichten möglichst oft bei ihr gewesen, hab auf dem Weg zum oder vom Dienst schnell bei ihr im Krankenhaus vorbeigeschaut, meinem Vater im Haushalt geholfen, ich war ständig auf Achse, aber es war ein gutes Gefühl irgendwas tun zu können und für meine Mutter da zu sein.

1997

Nach dem Praktikum folgte ab März wieder ein halbes Jahr Studium.

In dieser Zeit musste ich meinen Frauenarzt aufsuchen, da meine Periode dreimal ausgeblieben war.

Der Arzt gratulierte mir zur Schwangerschaft und stellte mir ein Glas Gummibärchen hin, als mir die Tränen in die Augen schossen.

Ich konnte es gar nicht fassen und seitdem vertraue ich auch nicht mehr auf die Pille.

Mein damaliger Freund stand auch nicht wirklich hinter mir und bot mir gleich an, mich zur Abtreibung zu begleiten. Im ersten Moment hatte ich zwar auch gleich an eine Abtreibung gedacht, aber je länger ich mich mit dem Gedanken beschäftigte, umso mehr ging meine Entscheidung dazu, das Kind doch zu bekommen.

Mein Körper nahm mir die Entscheidung dann aber ab, ich war doch sehr erleichtert über den Abgang und konzentrierte mich wieder auf meine Ausbildung.

Die Beziehung zu meinem Freund hielt nicht mehr lange, denn ich war zu enttäuscht von seiner Reaktion auf die Schwangerschaft.

Nach diesem Semester folgte wieder ein Praktikum.

Im September kam ich zur Kriminalpolizei, Staatsschutzdelikte, Linksextremismus. Furchtbar. Wenigstens wusste ich danach, was ich NIE machen wollte.

Wenn jemand einen Diebstahl oder eine Körperverletzung begeht, ganz klar, das sind in meinen Augen „richtige“ Straftaten. Aber wenn jemand bei einer Studentendemonstration Informationsblätter verteilt, auf welchen kein korrektes Impressum abgedruckt ist, oder sich unter bestimmten Umständen einem bestimmten Regierungsgebäude zu weit nähert? Das rechtfertigt für mich von meinem Gefühl her einfach keine Festnahme.

Meine Abneigung gegen diese Variante der Kriminalitätsbekämpfung ging dann sogar soweit, dass ich mich letztendlich gefragt habe, ob ich dort nur gelandet bin, weil mein Vater beim Bundesnachrichtendienst gearbeitet hat.

Zum Glück gab es zwischendrin eine sieben Wochen dauernde einsatztaktische Ausbildung. Dort sollte vermittelt werden, wie man als Zugführer größere Einsätze wie Fußballspiele, Konzerte, Razzien, Verkehrskontrollen usw. vorbereitet und umsetzt.

Anschließend leider wieder Linksextremismus, aber über Weihnachten kam ich zum Kriminaldauerdienst (KDD), der für mich auch sehr spannend und ereignisreich war.

Bei einer offensichtlich ECHTEN Vergewaltigung, also ich meine keine fingierte aus einer Beziehungskiste heraus oder eine, die eine Prostituierte wegen schlechter Zahlungsmoral als Druckmittel erfunden hat, habe ich schon gemerkt, dass ich auf Dauer eine Lösung für mich finden musste, wie ich schwierige Fälle nicht an mich heran lassen darf. Mich hat beruhigt, dass der Fall anderen, erfahrenen Kollegen auch nahe ging.

Es ist übrigens sehr interessant, im Rückblick zu schauen, wie der ein oder andere Kollege Bewältigungsstrategien für sich entwickelt hat. Oder eben offenbar keine und dann irgendwie abgestumpft ist. Einer hat mich fasziniert, der hat sich um jede Leiche förmlich gerissen. Der wollte am liebsten gar keine anderen Einsätze mehr fahren. Die anderen Kollegen waren ihm dankbar für seine „Vorliebe". Auf meine Frage, warum er so unheimlich gern zu Leichen fährt, gab er finanzielle Gründe an, denn für jede unzumutbare Leiche konnte man einen geringen Geldbetrag als Zulage beantragen.

Normalerweise rückt zu ungeklärten Todesfällen das Kommissariat 112 aus, Todesermittlung, aber außerhalb der Tagesdienstzeit und bei Engpässen übernimmt diese Aufgabe der Kriminaldauerdienst. Daher rückt während der Weihnachtsfeiertage der KDD natürlich besonders oft aus, und in der Rechtsmedizin stapeln sich im wahrsten Sinne des Wortes die Särge, weil dort auch nur die dringenden Fälle abgearbeitet werden.

Ich weiß noch, wie ich mit Kollegen zum rechtsmedizinischen Institut fuhr. Eine Person war in der S-Bahn tot aufgefunden worden und nachdem man schlecht mitten am Bahnhof die Person ausziehen und näher untersuchen kann, wurde der Tote in die Rechtsmedizin gebracht und durch uns dort im Kühlraum näher begutachtet. Überall diese Särge und der Gestank, da kann man sich echt nur mit Humor retten, kein Wunder, dass sich die Rechtsmediziner Witze erzählen und Kochrezepte austauschen, während Rippen durchgezwickt und die Organe entnommen werden.

Wir brauchten eine Ganzkörperaufnahme von dem Toten, ja, und weil die Stimmung komisch lustig war, bin ich mit meinem Fotoapparat auf einen Stapel Särge geklettert und konnte so eine prima Übersichtsaufnahme von oben machen. Im Nachhinein bin ich froh, dass ich nicht abgerutscht und auf einer matschigen Wasserleiche gelandet bin oder Schlimmeres.

Warum schreibe ich das jetzt überhaupt. Vermutlich will ich damit ausdrücken, dass ich nicht wirklich ein Sensibelchen war. Vorher.

1998

Am Ende meines Praktikums kam ich noch für zwei Wochen zur Verkehrspolizei.

Unter anderem wurde ich einem Kollegen von der zivilen Verkehrsüberwachung zugeteilt, wir hatten eine Kamera an Bord, mit der man vorausfahrende Fahrzeuge aufnehmen konnte, um diese bei erheblichen

Geschwindigkeitsübertretungen anzuhalten. Erheblich deshalb, da nach Abzug von Messtoleranz und Berücksichtigung einer Mindestnachfahrstrecke jemand schon wirklich gerast sein musste, um aufgehalten zu werden, aber es mangelte nicht an „Kundschaft".

Als wir dann schon auf dem Heimweg zur Dienststelle waren, haben wir eine spektakuläre Verfolgungsjagd wie im Fernsehen vollzogen. An uns ist ein Geländewagen, ein ganz außergewöhnliches Modell, vorbeigeprescht, wie irre, und bei meinem Kollegen hat der Jagdinstinkt eingesetzt.

Mit einer normalen Blaulichtfahrt war das nicht zu vergleichen, das war echt grob. Wir hatten schon fast aufgeholt, da ist der Geländewagen plötzlich nach links ausgewichen und wir sind mit vollem Tempo in einen Mercedes gekracht, der in zweiter Reihe geparkt hatte. Zum Glück keine Insassen drin, der Fahrer war gerade nebenan am Geldautomaten.

Während ich mir noch nicht sicher war, ob ich verletzt wurde, lief die Fahndung nach dem Geländewagen an, den ich plötzlich im Rückspiegel hinter uns stehen sah.

Es stellte sich heraus, dass der Fahrer des Geländewagens ein Kollege vom Mobilen Einsatzkommando war, der sich ebenfalls gerade im Einsatz befand.

Am nächsten Tag war ich mir sicher, dass ich mich doch im Nackenbereich verletzt hatte, aber nachdem ich eh ein paar Tage frei hatte, bis zum Beginn des letzten Studienabschnitts, habe ich meine Verletzung verschwiegen, sonst hätte mein Kollege Ärger bekommen wegen fahrlässiger Körperverletzung. Und das wollte ich nicht.

Sicherlich, der Unfall hätte natürlich nicht passieren dürfen, aber die Verfolgungsjagd an sich wäre nicht vermeidbar gewesen. Der Kollege, der den Geländewagen gefahren hatte, hatte auch berechtigte Gründe so zu fahren, und wir wussten ja nicht, dass das ein Kollege war und hätten auch nicht die Möglichkeit gehabt, das so schnell heraus zu finden.

März 1998

Im letzten Studienabschnitt lauerte auch eine nette Überraschung auf mich, als ich mich beim Polizeiarzt vorstellen musste. Ich hatte in der Grundausbildung im ersten Semester während der Ausbildung am Tonfa, ein spezieller Einsatzstock, einen „Unfall“. Im Training sollten wir Schläge von oben mit dem Tonfa abwehren. Mein Trainingspartner, ein Kollege, der übrigens bei der Bundeswehr mit der Note 5 ausgemustert worden war und auch sonst in jeder Hinsicht, wie sagt man so schön, sozial inkompetent war, schlug von oben auf mich ein und mir ist nach einigen Hieben der Tonfa verrutscht und ich war ohne Deckung.

Nein, der Kollege hat nicht aufgehört zu schlagen. Im letzten Moment hab ich mich geduckt und den Tonfa mit beiden Händen nach oben gerissen um mich zu schützen, aber meine rechte Hand wurde getroffen. Mein Ringfinger verfärbte sich lila und ist schnell auf das Dreifache angeschwollen.

Die Polizeiärztin der Bereitschaftspolizeiabteilung warf einen kurzen Blick auf meine Hand und ging davon aus, dass an meinem rechten Ringfinger nur eine Ader geplatzt sei. Ihre Therapie bestand aus Salbenverband und Ruhigstellen. Jedenfalls konnte ich meinen Finger nie mehr richtig bewegen. Ich hatte Angst, rausgeworfen zu werden, wenn herauskäme, dass ich als Rechtshänder meine rechte Hand nicht mehr uneingeschränkt nutzen kann.

Es fiel nicht sonderlich auf, bis eben im letzten Studienjahr der Polizeiarzt festgestellt hat, dass der damalige Dienstunfall nicht abschließend begutachtet wurde. Und das holte er jetzt nach.

Ich hatte keine Wahl und musste mich kurz vor der Abschlussprüfung operieren lassen, weil die Sehne der Länge nach gerissen war, eine so genannte Knopflochdeformität. Die Operation konnte ich auch nicht verschieben, weil ich sonst ohne gesundheitliche Eignung nicht zur Abschlussprüfung zugelassen worden wäre. Der Arzt gab eine Prognose ab, dass nach der Operation und ausreichender Krankengymnastik die volle Funktionsfähigkeit wiederhergestellt sein wird, und so durfte ich zur Prüfung antreten.

Ich kann meinen Finger bis heute nicht richtig bewegen, aber er beeinträchtigt mich nicht wirklich im Alltag.

Früher habe ich neben Gitarre und Harfe auch Zither gespielt, richtig gut sogar, habe dadurch am Richard-Strauß-Konservatorium in München während der Schulzeit nebenbei zwei Jahre ein Jungstudium in Musik erhalten. Zitherspielen geht jetzt natürlich nicht mehr, aber Gitarre und Harfe könnte ich mit Einschränkungen noch spielen, weil ich besagten Finger dabei nicht stark abknicken muss. Wenn ich noch Lust dazu hätte.

Im August 1998 fand die Abschlussprüfung statt. Da bekam ich doch prompt in der mündlichen Prüfung meinen Lieblingslehrer vorgesetzt, übrigens der, der den Schauspieler-Mordfall laut Gerüchteküche versiebt haben soll.

Nach meinem ersten Praktikum und nach meiner ersten Leiche samt Erfahrungen mit diesem KIT – Kriseninterventionsteam – hatten wir mal bei diesem Lehrer Unterricht über Katastrophenfälle, irgendwas mit Gefahrenglocke, weiß auch nicht mehr genau um was es ging. Jedenfalls habe ich gefragt, was es eigentlich mit dem KIT auf sich hat, wo das organisatorisch angesiedelt ist und wie es verständigt wird, über die Einsatzzentrale oder Rettungsleitstelle.

Da ist dem Mann scheinbar eine Sicherung durchgebrannt. Was mir denn einfallen würde, hier irgendwelche Abkürzungen zu erfinden, KIT, hat er ja noch nie gehört, ich hätte da wohl was durcheinander gebracht, und, wo wir da hin kämen wenn jeder sich irgendwelche Abkürzungen ausdenkt. Vielleicht hatte er an diesem Tag zuviel Wodka intus. Oder zu seiner aktiven Zeit gab es noch kein KIT. Er hatte offenbar den gleichen Kenntnisstand, wie seine veralteten Overheadfolien.

Bei jeder passenden Gelegenheit kam eine Anspielung auf KIT. Vermutlich ist ihm dabei nur dieses schwarze sprechende Auto K.I.T.T. aus dieser Fernseh-Serie mit David Hasselhoff eingefallen. Der hat gar nicht gemerkt, wie er sich da blamiert hat. Von meinen Studienkollegen hat mich niemand unterstützt, die haben das Schauspiel von dem Lehrer wohl genossen oder selbst noch nie etwas vom KIT gehört.

Unter vier Augen hab ich ihn gebeten er möge sich doch bitte erkundigen, bevor er mich und damit auch sich wieder zum Affen macht vor allen anderen. Er hat sich nicht erkundigt und weiter Seitenhiebe auf mich abgelassen.

In der mündlichen Prüfung fragte er mich nach der Definition von Organisierter Kriminalität, ich weiß bis heute immer noch nicht, was er hören wollte, nach jedem Antwortversuch meinerseits, hat er sich noch mehr hineingesteigert und wurde richtig laut, bis die anderen Prüfer abgebrochen haben.

Später hab ich den Lehrer auf der Inspektion wieder getroffen, als ich gerade Wachdienst hatte. Er trug Zivilkleidung, meinte er sei ein „Kollege“ und wollte zu meinem Inspektionsleiter. Offenbar hatte er mich nicht erkannt.

Ich gab vor ihn auch nicht zu kennen, und bat ihn mir seinen Dienstausweis zu zeigen.

Vorschrift ist Vorschrift. Ich lass doch nicht jeden rein. Normalerweise zeigen Kollegen anderer Dienststellen von sich aus den Ausweis vor.

Das war filmreif, wie der getobt hat, nur weil er den Ausweis nicht herzeigen wollte. Da empfand ich wirklich so was wie Mitleid mit ihm. Wenn wieder mal was in der Presse steht über diesen alten Mordfall, oder der Schauspieler im Fernsehen zu sehen ist, muss ich an diesen Lehrer denken.

Oktober 1998

Nach der Prüfung brauchte ich erst mal Urlaub und verschwand nach Amerika, bis ich dann Mitte Oktober auf der Polizeiinspektion 42 München-Neuhausen meinen Dienst als stellvertretende Dienstgruppenleiterin antrat. Es hatte auch geklappt, dass ich der Schicht zugeteilt wurde, in der ich im Praktikum war. Nachdem ich ja schon mit dem Ablauf und Gebiet etwas vertraut war, wollte ich schnellstmöglich die Aufgaben des Dienstgruppenleiters kennen lernen und habe mich anfangs nur für den Innendienst einteilen lassen, um den Papierkrieg zu erlernen.

Zum Thema Dienstrang muss ich noch etwas erklären. Nach der Prüfung dauerte es circa drei Monate bis die Prüfungsergebnisse ausgewertet waren. Zum 1. Dezember 1998 sollten wir dann alle zum Polizeikommissar ernannt werden. Bis dahin waren wir vom Dienstrang her Kommissaranwärter, deutlich zu sehen, an einem silbernen „Hoffnungs"-Balken auf den Schulterklappen, der nach Ernennung durch einen silbernen Kommissarstern ersetzt werden sollte.

Das war eine merkwürdige Lauerstellung, nach außen hin sollte ich als stellvertretende Dienstgruppenleiterin eine gewisse Führungsposition einnehmen, auf der anderen Seite war ich eine Anwärterin, die keine Ahnung hatte wie man einen Strafzettel richtig ausfüllt.

Ich bekam auch nicht wie Anfänger im mittleren Dienst einen Einweisungsbeamten zugeteilt, ein fester Ansprechpartner wäre sehr hilfreich gewesen. So hab ich jeden belästigen müssen, der nicht schnell genug zum Kaffeeholen abgetaucht ist.

Irgendwie war ich im gehobenen Dienst aber doch nicht richtig, was man auch am Funknamen gemerkt hat. Jede Streife hatte einen eigenen Funkrufnamen, und anhand dessen Zusammensetzung konnte man zum Beispiel erkennen, ob die Streife uniformiert oder in zivil fährt, ob sie von der Dienstgruppe oder der Verfügungsgruppe gestellt wird, ob sich die Streife aus einem oder aus zwei Beamten zusammensetzt, ob die Streife in einem bestimmen Auftrag unterwegs ist, wie die Jugendbeamten oder Gewerbebeamten, oder auch ob ein gehobener Beamter mit an Bord ist. Letzteres hat den Sinn, dass die Einsatzzentrale und auch alle anderen Bescheid wissen, ob ein Beamter des gehobenen Dienstes gerade Streife fährt, der eventuell die Einsatzleitung vor Ort insbesondere bei größeren Einsatzlagen übernehmen kann.

Normalerweise werden solche größeren Einsatzlagen in München vom so genannten Außendienstleiter, einem erfahrenen gehobenen Beamten, geleitet. Der ist nur eben nicht immer verfügbar.

Ich rückte also unter einem „normalen" Funkrufnamen aus, der nach außen signalisierte, dass ich keine Beamtin im gehobenen Dienst bin. Das war mir ganz recht, weil ich mich selbst bei einfach gelagerten Fällen eh nur blamiert hätte.

28. November 1998

Es war Samstag, 28. November 1998, gegen viertel vor neun vormittags. Seit eineinhalb Monaten war ich auf der Inspektion, und seither war es das dritte Mal, dass ich im Außendienst Streife fuhr, als eine von zwei Pflichtstreifen.

Mein Streifenpartner, ein netter Kettenraucher, war nicht viel älter als ich und ich war gerade 23 geworden. Ich saß gerade auf der Wache vor dem PC und versuchte einen Unfall zu bearbeiten den wir kurz zuvor aufgenommen hatten. Im Nebenzimmer war der Dienstgruppenleiter am Funk.

Ich schnappte einen aufgeregten Funkspruch einer Kollegin unserer Dienstgruppe auf, die als zweite Pflichtstreife fuhr. So viel hatte ich verstanden, dass ein Mann mit einem Messer auf sie und ihren Streifenpartner losgeht.

Hektik.

Keiner hatte eine Ahnung was genau passiert war.

Ich sprang also mit meinem Streifenpartner und einem weiteren Kollegen, der eigentlich als Wachdienst eingeteilt war, ins Auto. Über Funk erfragten wir den genauen Einsatzort. Die Kollegin hatte in ihrer Aufregung versehentlich die falsche Straße angegeben, Marsstraße 56 anstatt Karlstraße 56, das haben wir auch erst gemerkt, als wir vergeblich in der Marsstraße die Hausnummer 56 gesucht hatten.

Endlich richtig angekommen. Außer den beiden Kollegen der Pflichtstreife war unsere Objektschutzstreife mit zwei weiteren Kollegen auch schon vor Ort eingetroffen.

Im Eingangsbereich standen wir alle sieben zusammen, und die Kollegin erklärte, dass sie von der Einsatzzentrale zu einem Selbstmordversuch geschickt worden waren. Fast schon ein Routineeinsatz.

Den Notruf selbst hatte der Bruder abgesetzt, der auch angegeben hatte, dass sich der Selbstmörder selbst schon Schnitte an den Armen beigebracht hätte. Die Kollegin war mit ihrem Streifenpartner das Treppenhaus hochgegangen, und dort ging der Selbstmörder plötzlich mit den Worten „Ich stech' euch ab!" auf die Kollegen los. Beide haben sich wieder nach unten zurückgezogen und Verstärkung angefordert.

Wir haben schnell festgestellt, dass in dem Haus der Funk nicht funktioniert. Ein Kollege stand deshalb im Eingangsbereich vor dem Haus, wo der Funk funktionierte und übernahm als Funkbrücke den Kontakt nach außen.

Ein Durcheinander, Ratlosigkeit, Fragen über Fragen, in welchem Stock ist der denn, ist der noch da oben, wie heißt der Selbstmörder überhaupt, wo ist der Mitteiler, kommt ein Diensthund, wo ist der Außendienstleiter? Wir versuchten alle Fakten zusammenzutragen, um uns ein Bild von der Lage machen zu können.

Außer mir war kein gehobener Beamter vor Ort. Außer mir ist gut, ich war ja noch gar kein richtiger Gehobener.

Der Kollege mit Funk teilte uns von der Straße aus kurz mit, es kommt kein Hund, es sei nur ein Rauschgifthund im Münchner Osten im Einsatz.

Der Außendienstleiter kommt auch nicht, weil er bei einem Raub fest eingebunden ist.

Mir fällt ein, dass ich zwischendrin mal schnell auf den Aufzug gedrückt habe. Die Tür öffnete sich, aber niemand war drin. Nicht, dass der mit dem Messer plötzlich hinter uns steht.

Aus dem Augenwinkel heraus sah ich drei weitere Beamte ins Haus laufen. Sie kamen mir nicht bekannt vor. Mir fiel auf, dass sie weder Schulterklappen mit Dienstgradabzeichen noch Landesverbandsabzeichen mit dem Münchner Stadtwappen trugen. Daraus schloss ich, die konnten nicht aus unserem Direktionsbereich stammen, die Kollegen, weil wir in unserem Bereich gedrillt wurden, dass man immer korrekt gekleidet ist.

Jedenfalls betreten die unbekannten Kollegen das Haus und gehen einfach gleich die Treppe hoch. Einfach so. Ich war irritiert, was soll das, warum rennen die jetzt gleich hoch? An den Blicken hab ich erkannt, dass sich die anderen Kollegen wohl ähnliches gedacht haben. Ich frage noch „Warum rennen die jetzt hoch?“

Der Kollege neben mir meint, dass oben ein Schrei zu hören war. Na gut. Ein Argument.

Etwa ein Jahr später, hab ich von den fremden Kollegen erfahren, dass da niemand geschrieen hat. Fremde Kollegen, die in einem fremden Dienstbereich zufällig einen Funkspruch mithören, und spontan zum fremden Einsatzort fahren. Ohne sich vorzustellen, wer sie überhaupt sind, oder sich bei uns zu informieren was Sache ist, sind die einfach hochgegangen. Ohne zu wissen, was überhaupt los ist. Ich habe ja sonst nicht das Bedürfnis jemanden zu schlagen, aber im Falle dieser beiden Kollegen würde ich da heute noch gerne eine Ausnahme machen, weil ich noch fast genauso wütend auf die Kollegen bin, wie damals als ich das erfahren habe, dass die einfach so grundlos nach oben gegangen sind.

Wir gehen also alle hoch, hinter den fremden Kollegen her, mit gezogenen Waffen, bis auf den der am Eingang die Funkbrücke hält. Ich bin irgendwo mittendrin in der Schlange. Das Treppenhaus ist viel zu eng. In der Mitte der Aufzug, darum herum wickelt sich die Treppe hoch.

Ich drücke auf den Lichtschalter. Es wird nicht heller. Komisch. Vielleicht war das Licht schon an. Egal.

Die Kollegen geradeaus vor mir kann ich sehen, aber ansonsten versperrt der Aufzug jede Sicht. Einmal blicke ich zurück und sehe direkt in den Lauf einer Pistole. Der Kollege hinter mir geht doch tatsächlich die Treppe hinter mir hoch und zielt dabei auf mich. Ich kann's nicht glauben. Möglichst ruhig deute ich ihm an, er soll wo anders hinzielen. Zum Glück hat er es gleich kapiert.

Irgendwo im zweiten Stock nehmen die Kollegen vor mir plötzlich ihre Waffen hoch und zielen offenbar auf jemanden. Ein Geschrei bricht los, Stimmenwirrwarr. „Messer weg!"

„Ich stech' euch ab!"

„Wir schießen, Messer weg!"

Die Kollegen werden immer lauter und die Stimmen überschlagen sich fast. Ich kann überhaupt nichts sehen – verdammt noch mal. Warum steht der Aufzug so blöd im Weg?

Dann höre ich einen Knall wie von einer zufallenden Tür. Ruhe. Für einen Moment ist die Situation wie eingefroren. Keine Geräusche, keine Stimmen, keiner bewegt sich. Die Kollegen vor mir nehmen langsam ihre Waffen runter. Ich sehe in ratlose überraschte Gesichter. Keiner sagt was. Was ist los? Ich habe keine Ahnung was passiert ist. Warum sagt keiner was? Mir reicht' s. Ich will wissen was da oben jetzt passiert ist.

Ich drücke mich an den Kollegen vorbei und geh hoch. Nur Kollegen. Kein Selbstmörder.

Aus einer Wohnung sind plötzlich laute Schmerzensschreie zu hören. Wirkliche Schmerzensschreie, da schreit einer um sein Leben. Es wird mir klar, dass sich der Selbstmörder mit einer anderen Person wohl in der Wohnung befinden muss und ein Kampf ausgebrochen ist.

Es ließ sich auch später nie ganz klären ob der Selbstmörder seinen eigenen Bruder als Geisel in die Wohnung gezerrt oder der Bruder seinen durchgedrehten Bruder in die Wohnung gezogen hatte. Da gab es unterschiedliche Aussagen der Kollegen, die Sicht auf die Türe hatten.

Ist damals wie auch jetzt aber völlig unrelevant. Tatsache ist, dass beide Brüder jetzt gerade in der Wohnung sind und einer um sein Leben schreit.

Ich bin in dem Moment richtig erleichtert. Erleichtert weil ich weiß, wie es jetzt weitergeht. Wir müssen so schnell wie möglich in die Wohnung rein, das ist mir klar. Sofortlage oder Notzugriff oder wie auch immer man das bezeichnen mag. Jetzt bleibt keine Zeit mehr, um das Sondereinsatzkommando anzufordern, die speziell für solche Einsatzlagen geschult sind.

Es gab keine große Absprache, ich glaube es war jedem klar, dass wir schnellstmöglich in die Wohnung müssen.

Ein Kollege aus meiner Schicht, ehemaliger Kickboxer, etwa zwei Meter groß und sehr kräftig, öffnet mit einem gezielten Tritt gegen das Türschloss die Wohnungstür.

Ich benutze den Türstock der Nachbarwohnung als Deckung und sichere meinen Kollegen, die Waffe auf die Wohnungstüre gerichtet.

Alles ist ruhig, es ist nichts zu hören und nichts zu sehen. Mein Kollege tastet sich langsam in die Wohnung hinein, ich bin schräg hinter ihm mit gezogener Waffe. Ich kann kaum was erkennen. Alles ist so dunkel, denn die Lampen sind defekt und die Vorhänge zugezogen. An dem breiten Kreuz vom Kollegen vor mir, kann ich auch nicht richtig vorbeisehen.

Am Ende des Flurs tauchen plötzlich zwei Gestalten auf. Geschrei. Die beiden drehen sich im Kreis. Ich kann beide nicht auseinander halten und weiß nicht wer der Selbstmörder sein soll und wer der Bruder ist. Beide tragen Jeans und karierte Holzfällerhemden und sind ineinander verknotet zu einem Menschenknäuel.

Endlich erkenne ich was. Der eine will auf uns zugehen, in der rechten erhobenen Hand blitzt ein Messer auf. Wir alle schreien er soll das Messer wegwerfen, sonst schießen wir, interessiert den gar nicht. Ja hört uns der denn nicht? Ist der taub? Versteht er uns nicht?

Die ganze Zeit über habe ich meine Waffe schon auf ihn gerichtet, aber achte darauf, dass mein Finger nicht im Abzug ist.

Alles geht jetzt so schnell und doch kommt es mir vor, als ob es minutenlang dauert. Der Mann will auf uns zugehen, aber der Bruder hält ihn von hinten fest umklammert und hindert ihn so daran, weiterzugehen. Er schreit noch: „Nicht schießen, nicht schießen!"

Klar schießen wir nicht. Er steht ja voll im Weg.

An meinen Kollegen vor mir wird von hinten ein Tränengasspray durchgereicht. Er steckt seine Waffe ins Holster und benutzt das Spray.

Mitten ins Gesicht trifft den Täter das Tränengas, die Suppe läuft ihm herunter, er macht kurz die Augen zu, sonst keine Reaktion. Mir ist nicht klar warum das Tränengas nicht wirkt.

Gleichzeitig fängt er an, auf seinen Bruder einzustechen, auf die Arme die ihn umklammert halten.

Ich sehe plötzlich alles in Zeitlupe, sehe wie das Messer immer wieder in die Arme sticht, und jedes Mal, wenn das Messer wieder herausgezogen wird, habe ich den Eindruck es lässt sich schwer rausziehen und nur mit Widerstand, als ob es sich verhakt hätte. Alles ganz merkwürdig. So unwirklich. Passiert das jetzt grad tatsächlich? Mein Herz pocht ganz wild, das Klopfen empfinde ich als unangenehm. Mein Bauch verkrampft sich, mein Hals ist wie zugeschnürt. Ich vergesse regelmäßig zu atmen. Unbewusst halte ich die Luft immer wieder an.

Irgendwann sinkt der Bruder langsam zu Boden und versucht immer noch den Angreifer zurückzuhalten. Wir schreien ihm zu er soll in Deckung gehen. Ich sehe wie er vom Flur nach links in ein Zimmer krabbelt.

Im gleichen Augenblick kommt der Mann auf uns zu, ich sehe in Zeitlupe wie er sich langsam in Bewegung setzt.

Mein Kollege vor mir, der in diesem Moment nur das leere Tränengasspray in der Hand hält und unbewaffnet ist, geht an mir vorbei aus der Wohnung raus.

Er schreit mir noch irgendwas zu wie: „Komm, raus hier!"

Ich stehe da mit der Waffe auf den Mann gerichtet. Das Ding in meiner Hand wird immer schwerer.

Alles Zeitlupe. Die Geräusche und Stimmen nehme ich seltsam gedämpft und verzerrt wahr, wie unter Wasser beim Tauchen fühlt sich alles an. Ich bekomme einen Tunnelblick, sehe nur noch das karierte Hemd vor mir wie es auf mich zukommt, und dieses starre Gesicht.

Ich habe den Eindruck er sieht mich gar nicht, er sieht durch mich durch.

Im Augenwinkel sehe ich noch das Messer. Wie in einem schlechten Film und ich mittendrin. Ich schrei den Mann an: „Messer weg, ich schieße!"

Warum wirft der das Messer nicht weg? Ich versteh es nicht. Hört mich der denn nicht? „Messer weg, Messer weg!“

Mein Streifenpartner, der hinter mir steht, versucht mich an der Lederjacke rückwärts aus der Wohnung zu ziehen. Das hat man mir später erzählt, ich selbst weiß nichts davon, ich kriege es nicht mehr mit, nehme um mich herum sonst nichts mehr wahr.

Er geht immer weiter auf mich zu. In Zeitlupe. Mir wird klar ich muss schießen, ich muss dem Mann irgendwie so treffen, dass er umfällt.

Seltsamerweise verspüre ich keine Angst, keine Panik. Eine merkwürdige Ruhe und Gelassenheit überkommt mich. Das Gewicht meiner Waffe in der Hand spüre ich. Ganz schön schwer das Ding. Ich halte die Luft an.

Vor mir sehe ich das karierte Hemd des Täters.

Ich halte grob auf das Karomuster vor mir an, spüre den Druckpunkt im Abzug und drücke ab, spüre den Rückschlag der Waffe.

Kein Knall. Alles still. Ich habe ja gar keinen Schuss gehört!

Aber ich habe doch abgedrückt? Ich bin mir nicht mehr sicher.

Kein Blutfleck ist auf dem rot karierten Hemd zu sehen. Der Mann bleibt stehen, ansonsten erkenne ich keine Veränderung an ihm. Er hat die gleiche Haltung wie eben, sein Messer in der erhobenen Hand, immer noch dieser starre Blick. Hab ich doch nicht geschossen? Im Film fliegen angeschossene Leute immer meterweit rückwärts und werden gegen die Wand geschleudert. Und der Mann hier zeigt überhaupt keine Reaktion!

Hab wohl doch nicht geschossen. Oder habe ich nicht getroffen?

Der Mann bewegt sich wieder und macht einen Schritt auf mich zu.

Hey das gibt's doch nicht!

Ich ziele noch mal grob in Richtung Oberkörper des Mannes, spüre wieder den Druckpunkt und den Rückschlag der Waffe. Aber wieder höre ich keinen Schussknall.

Hab ich jetzt getroffen? JA! GETROFFEN!

Ich sehe wie Blut aus seinem Mund spritzt. Irgendwie bin ich erleichtert, dass ich ihn jetzt getroffen habe.

Trotzdem steht er immer noch vor mir, das Messer immer noch in der erhobenen Hand. Ganz langsam sehe ich den Mann nach links wegkippen, sieht so aus, als ob er sich mit der Schulter am Türstock anlehnen will.

Plötzlich taucht rechts neben dem Mann der Kopf von seinem Bruder auf.

Ich denk mir noch, ja klar, der will vorbei und rausgehen zu uns. Starr wie ein Brett fällt er nach vorne um und fast auf mich drauf. Er liegt vor mir auf dem

Boden mit dem Gesicht nach unten. Ich sehe wie dunkelrotes geleeartiges Blut eine Pfütze um seinen Kopf bildet. Schock.

Schock. Meine Knie fühlen sich so weich an und ich habe das Gefühl ich wackle. Ich starre auf die Pfütze. Ein paar mal hintereinander sage ich was wie „Jetzt hab ich den falschen getroffen".

Wenn mir jemand in dem Moment gesagt hätte, ich hätte durchgedreht und wild um mich geballert, ich hätte es geglaubt. Ich hätte alles geglaubt.

Der Täter selbst liegt mittlerweile zusammengesunken am Boden. Der interessiert mich gar nicht mehr.

Ich denke nicht an Erste-Hilfe-Maßnahmen und Überprüfung der Vitalfunktionen, ich starre nur auf diesen Bruder. Der uns noch helfen wollte. Der den Täter zurückgehalten hat damit er nicht auf uns losgeht. Der geschrieen hat: „Nicht schießen!" Der in Deckung gegangen ist und weggekrabbelt ist. Der ist weggekrabbelt. Ganz sicher. Ich hab den falschen getroffen.

Weg. Ich will nur noch weg von hier.

Eine Kollegin fasst mich am Arm und nimmt mir langsam meine Waffe aus der Hand. Ich will weg hier.

Ich geh die Treppe runter, an all den anderen Kollegen vorbei. Ein Kollege sagt noch, ich hätte gar nichts anderes machen können, als zu schießen. Das beruhigt mich irgendwie. Wäre schön wenn er Recht hätte.

Meine Gedanken und Eindrücke kann ich nicht sortieren. Passiert das alles wirklich? Komm mir vor wie in einem schlechten Film oder einem schlechten Traum und warte darauf bis ich endlich aufwache.

Ein Außendienstleiter aus einem anderen Direktionsgebiet war von der Einsatzzentrale geschickt worden, da ja der für unser Gebiet zuständige bei einem Raub gebunden war. Der traf jetzt ein und kümmerte sich um das Chaos am Tatort.

Laut Einsatzprotokoll der Einsatzzentrale hat es vier Minuten gedauert. Nur vier Minuten, von der Meldung, dass unsere Streife am Einsatzort eingetroffen ist, bis zur Meldung, dass geschossen wurde. Vier Minuten die zwei Menschen das Leben gekostet haben. Vier Minuten die einen anderen Menschen aus mir gemacht haben.

Ich geh aus dem Haus und den Gehweg auf und ab und weiß nicht recht wohin. Meine Kollegin sammelt mich auf und bringt mich zum Streifenwagen. Sie fährt mit mir zur Wache.

Im Funk herrscht Verwirrung. Gesprächsfetzen dringen zu mir durch. Ein Notarzt wird angefordert. Eine Kollegin ist auch verletzt. Zwei Notärzte sind notwendig.

Meine Kollegin neben mir stellt über Funk klar, dass ich nicht verletzt bin und sie mich zur Wache bringt.

Wieder ein Funkspruch, trotzdem sind zwei Notärzte notwendig. Meine Kollegin schaltet den Funk aus.

Auf der Inspektion ist außer dem Dienstgruppenleiter niemand. Sichtlich betroffen kommt er mir schon entgegen. Er sagt was in Richtung „man darf halt nicht mit einem Messer auf die Polizei losgehen". Irgendwie bin ich froh, ihn zu sehen. Ich habe das Gefühl, er hält zu mir, egal was passiert ist.

Für einen Moment fühle ich mich richtig gut aufgehoben auf der Dienststelle. Für einen Moment lang.

Leider kommt mein Dienstgruppenleiter die nächste Zeit vom Telefon nicht mehr los, ich weiß nicht wer alles anrief und was die alle von ihm wollen. Mein Dienstgruppenleiter hatte ja keine Ahnung, was passiert war. Er hat aber auch gar keine Gelegenheit, mich zu fragen.

Ich weiß nicht, was ich jetzt sonst machen soll und höre den Funk mit.

Eine Person tot, die andere ins Krankenhaus. Tot? War jemand tot? Und wer war tot? Wer von den beiden? Doch nicht der Bruder? Ich bekomme einen Anflug von Panik. Keiner kann mir sagen, wer jetzt tot war.

Langsam füllt sich die Inspektion mit uniformierten Leuten, die ich noch nie zuvor gesehen hatte. Viele junge Kollegen kann ich anhand der Kleidung der

Einsatzhundertschaft zuordnen, ich frage mich was die alle hier machen. So ein Aufwand.

Ich werde ins hinterste Zimmer verfrachtet, eine Art Schreibraum und Abstellkammer. Wie passend.

Die Kollegen vom Kriminaldauerdienst und vom Kommissariat für Tötungsdelikte waren offensichtlich schon am Tatort, ebenso die Spurensicherung.

Einige wurden mit dem Hinweis zum Tatort geschickt, dass eine Kollegin einen Falschen erschossen hat.

Ich bekomme mehrfach von Kollegen, die vom Tatort zurückkommen, Grüsse von Kollegen der Kripo ausgerichtet, dass ich besser meinen Mund halten soll.

Also doch. Irgendwas war schief gelaufen. Ich hab es doch gewusst.

Von weitem sehe ich zwei Personen in weißer Rettungssanitäterkleidung zur Wache reinkommen. Auf ihrem Rücken steht unübersehbar KIT - Kriseninterventionsteam.

Meine Freunde. Wer hat die denn geholt? Die wollen doch nicht etwa zu mir? Das darf doch nicht wahr sein. Die kann ich jetzt überhaupt gar nicht gebrauchen.

Ich befürchte, ich habe dann mehr als deutlich und unhöflich zum Ausdruck gebracht, dass die sich wieder verdrücken sollen. Sie fragen mich ob sie nicht wenigstens Blutdruck messen dürfen. Dürfen sie nicht. Mein

Blutdruck ist mit Sicherheit in Ordnung. Bestimmt sogar, und nicht zu niedrig wie sonst immer.

Später erfuhr ich, dass sich die beiden Krisenhelfer beim Betreten der Wache bei Kollegen erkundigt haben wie sie sich jetzt verhalten sollen, da sie noch nie einen vergleichbaren Betreuungsfall gehabt hätten.

Fällt einem dazu noch was ein? Man nehme junge Studenten die sich Geld dazuverdienen wollen, schicke sie ein paar Tage auf einen Psycho-Schnelllehrgang, stecke sie in weiße Kittel mit der Aufschrift KIT und schicke sie in Situationen, die sie ganz bestimmt überfordern. Situationen, die sogar studierte Psychologen mit großer Erfahrung an ihre Grenzen bringen.

Genau so einer steht dann kurz danach vor mir und stellt sich vor. Er sei vom ZPD - Zentralen Psychologischen Dienst der Polizei.

Auch ihn frage ich gleich, ob er weiß wer von den beiden Brüdern jetzt eigentlich tot ist.

Die Antwort gefällt mir überhaupt nicht. Ein Vortrag. Anstatt einer Antwort kommt ein Vortrag über die Aufgabengebiete des Psychologischen Dienstes. Danach ein Vortrag über die Organisationsstruktur; darüber, dass der ZPD organisatorisch beim Polizeipräsidium München angegliedert ist. Aber trotzdem Bayern weit zuständig ist.

An dem Punkt unterbreche ich ihn und signalisiere, dass ich jetzt keinen Psychologen brauche. Ich weiß nicht wann er zum eigentlichen Grund gekommen wäre, warum er hier war und wollte es auch nicht herausfinden.

Er ist es völlig falsch angegangen, finde ich, aber ich denke, dass kein Psychologe der Welt in dem Moment einen Zugang zu mir bekommen hätte. Schon allein wegen meiner Vorurteile gegen alles was mit „Psycho…“ beginnt.

Die Frage wer von den beiden Brüdern tot ist, hat sich dann geklärt.

Es waren beide tot.

Irgendwie ist das für mich gar keine Überraschung mehr. Ein seltsames Mir-ist-alles-egal-Gefühl und eine Machts-doch-was-ihr-wollt-mit-mir Einstellung machten sich in mir breit.

Mittlerweile waren mein Dienststellenleiter, der Direktionsleiter und der stellvertretende Direktionsleiter eingetroffen, alles Beamte im höheren Dienst, mit goldenen Sternen auf der Schulter. Für mich als kleine Hoffnungsbalkenträgerin schon wirkliche Respektspersonen. Die waren jetzt alle wegen mir, teilweise extra aus ihrer Freizeit, hergefahren. Imponierend. Ich denke, ich habe die Tragweite und das Ausmaß des Einsatzes noch nicht erfasst gehabt. Und schon gar nicht, was es für mich und meine Zukunft bedeuten würde.

Die drei standen vor mir und ich sollte mir einen „aussuchen“ der mich in der nächsten Zeit begleitet und als Art Betreuer fungiert. Ich entschied mich für den Direktionsleiterstellvertreter und habe gehofft, dass die anderen es mir nicht nachtragen würden.

Es war Glück überhaupt einen Betreuer zu bekommen, denn das war nicht üblich. Ich habe heute noch einen guten Kontakt zu ihm und ich kann mich mit jedem Anliegen an ihn wenden.

Keine Ahnung wie oft uns schon ein Verhältnis unterstellt worden ist. Ich bin froh, dass er sich davon nicht hat beeinflussen lassen.

Mein Betreuer stellte mir zunächst mal alle anwesenden Leute kurz vor. Ich war leicht schockiert, als ich registriert habe, dass dieser schweigsame Mann der schon eine ganze Weile unbeteiligt im Weg stand, der zuständige Staatsanwalt war.

Mir fiel der Rat wieder ein, ich solle meinen Mund halten. Ich überlegte, ob ich schon was gesagt habe, was mir zum Nachteil ausgelegt werden könnte.

Mir wurde mein leeres Waffenholster abgenommen und ich musste einen Alkoholtest machen. Negativ, was denn sonst. Hätte ja sein können, dass wir in Bayern am Samstagvormittag ein Weißwurstessen samt dazugehörigem Bier veranstaltet hätten.

Ich bin übrigens Vegetarierin.

Aber ich versteh es, ist ja auch zu meiner eigenen Entlastung gewesen. Trotzdem war es ein saudummes Gefühl, plötzlich selbst in dieses Gerät pusten zu müssen.

Es nutzte alles nichts, irgendwie musste ich auf die Toilette. Ich fragte noch sicherheitshalber nach ob ich austreten darf, irgendwas von Schmauchspuren, Schießpulveranhaftungen an den Händen nach einem Schusswaffengebrauch fiel mir ein, nicht, dass ich wertvolle Beweismittel im Waschbecken durch Händewaschen vernichte. Aber ich durfte zur Toilette, ich durfte mich von meiner Abstellkammer aus durch eine Horde von fremden Kollegen durchwühlen. Ich bemerkte wie sie sich gegenseitig anstupsten, schau, das ist die, schau, jetzt kommt sie.

Hätte mich umgekehrt auch interessiert, wer da geschossen hat.

Auf der Toilette kam mir kurz der Gedanke, was wäre, wenn ich jetzt einfach abhauen würde, so rein theoretisch. Praktisch waren die Fenster ausbruchsicher.

Sonst hätte ich vermutlich auch nicht alleine auf die Toilette gehen dürfen.

Wieder zurück in die Abstellkammer. Mein Betreuer erklärte mir unter vier Augen, dass er am Tatort war, und sich wie der Staatsanwalt auch ein Bild vor Ort gemacht hat. Es deute alles auf Notwehr hin. Es gab wohl genug Aussagen von den Kollegen und Hausbewohnern, so dass er mich nicht ausgefragt hat, was im Einzelnen passiert war.

Er hat meine Eltern noch informiert, die schon erste Anrufe der Verwandtschaft erhalten hatten, ob ich die aus den Nachrichten im Radio bin.

Für meine Mutter war es ein ziemlicher Schock, ich denke sie wusste nicht so recht, was ich bei der Polizei mache und hat in mir die Strafzettelverteilerin und Dienstwagenwäscherin gesehen. Meinen Vater schätzte ich nicht so weltfremd ein, vielleicht auch bedingt durch seine Tätigkeit beim Bundesnachrichtendienst.

Mein Betreuer fuhr mit mir zur Vernehmung zum Kommissariat 111, das zuständig war für die Sachbearbeitung von Tötungsdelikten und Schusswaffengebrauchsfällen.

Er ging mit mir noch einen Umweg durch den Hauptbahnhof und wollte, dass ich mir noch Brotzeit besorge. An Essen und Trinken hab ich in den letzten Stunden nicht gedacht. Er wollte auch Zeit schinden, um den Vernehmungsbeamten einen Vorsprung einzuräumen, es dauert ja, bis genug Schreibkräfte und Vernehmungsbeamte am Samstag zur Verfügung stehen. 13 Beamte im Einsatz, Hausbewohner, da gab es jede Menge Zeugen, deren Aussagen aufgenommen werden mussten.

So ein Aufwand. Und ich war die Ursache.

Ich sollte als Zeugin vernommen werden. Die Belehrung brachte mich wieder ins Grübeln, dass man als Zeuge die Wahrheit sagen muss, nichts Wesentliches weglassen darf, blabla. Aber auch, dass man sich nicht selbst belasten muss.

Ja, ich hab doch keine Ahnung, was jetzt genau passiert ist! Wie soll ich denn wissen, was mich selber belasten könnte? Was ich wusste war, dass ich zwar keine richtigen Erinnerungslücken hatte, aber erhebliche Wahrnehmungsverzerrungen. Dieser eingeschränkte Tunnelblick, die Schüsse die ich gar nicht gehört hatte, dieses Zeitlupengefühl, ich hatte Angst, dass ich irgendwas Wesentliches gar nicht gesehen oder gehört habe oder sonst wie etwas falsch eingeschätzt haben könnte. Und was ich jetzt überhaupt getroffen habe, konnte ich mir auch nicht erklären.

Mir kam der Gedanke, dass der Täter im letzten Moment kurz vor der Schussabgabe das Messer fallen gelassen und gerufen hat, dass er aufgibt. Und ich habe es übersehen und überhört. Und einen unbewaffneten Mann erschossen.

Hätte ich vielleicht mal in der Ausbildung etwas darüber gehört, was extremer Stress im Körper auslösen kann, hätte ich mich bestimmt wohler und ein Stück normaler gefühlt. Im Fach „Psychologie für Polizeibeamte" wurden nebensächliche Themen wie der Cocktailpartyeffekt behandelt, wenn man auf einer lauten Party ist, aber man trotzdem raushört wenn der eigene Namen gerufen wird oder so. Oder die gezielte Wahrnehmung, wenn man Hunger hat und plötzlich fällt einem auf, wie viele Bäcker und Metzger es doch in der Umgebung gibt. Wesentlichere Dinge sind im Psychologie-Unterricht nie durchgenommen worden.

Mein Mir-ist-alles-egal-Gefühl und Machts-doch-was-ihr-wollts-mit-mir-Einstellung kam zurück. Ich hab beschlossen, ich erzähl einfach alles, woran ich mich jetzt im Moment erinnern kann, mit allen unlogischen Stellen, mit allen nichterklärbaren Eindrücken, so wirr wie es in meinem Kopf auch aussah. Gar nicht so wie man sich eine perfekte Vernehmung von einem perfekten Polizisten vorstellt. Mir blieb ja gar nichts anderes übrig, der Staatsanwalt wollte jetzt eine Aussage. Aber es war auch gut so. Wenn ich am nächsten Tag erst vernommen worden wäre, hätte ich mir selber vielleicht soviel dazugereimt und verdreht, bis es einigermaßen vernünftig geklungen hätte, und im schlimmsten Fall nicht mehr mit Fakten zusammengepasst hätte. Da hätte ich mich bestimmt um Kopf und Kragen geredet.

Und außerdem wollte ich es jetzt einfach hinter mich bringen und alles loswerden.

Mein Betreuer durfte bei der Vernehmung anwesend sein, er gab mir irgendwie Sicherheit. Ich habe ihm vertraut, dass er schon einschreiten würde wenn ich zuviel Durcheinander reden würde.

Der Staatsanwalt setzte sein bestes Pokerface auf, und hielt es die drei bis vier Stunden durch. Wie eine Zeugin bin ich mir nicht vorgekommen, und obwohl ich keinen Beschuldigtenstatus hatte, empfand ich alles als Rechtfertigung.

Ich weiß noch, ich habe einen Videofilm angeführt, den ich von der Ausbildung her kannte. Der Film handelte von einer amerikanischen Studie, die letztendlich belegte, dass man gegen Messerangriffe unterhalb fünf Metern Entfernung höchstens mit der Schusswaffe ein geeignetes Mittel zur Verteidigung hat. Der Staatsanwalt kannte dieses Video zum Glück auch.

Später hab ich gelesen, dass laut Gutachten vom Landeskriminalamt die Entfernung zum Täter bei Schussabgabe 1,5 - 2 m betragen hat. Hat mich gewundert. Ich hatte in Erinnerung, dass ich 4-5 Meter weg stand, an der Eingangstür, und der Täter am Ende des Flurs in der Wohnung war.

Ich konnte mich auch zunächst gar nicht erinnern, dass ich überhaupt in der Wohnung war.

Auch mit der Größe des Messers hatte ich mich verschätzt. Ich dachte es sei ein kleines Taschenmesser oder ähnliches gewesen. Aber es war ein ordentliches Küchenmesser.

Gewundert habe ich mich vor allem deshalb, weil ich dachte, in solchen Situationen neigt man eher zu

Übertreibungen und stellt alles viel bedrohlicher dar und größer, aber es war umgekehrt bei mir.

In Bezug auf das Küchenmesser bekam ich später noch Probleme, als ich es in einem Zeitungsbericht auf einem Foto gesehen habe. Weil es eben keine durchgehende glatte Klinge hatte sondern einen gezackten Wellenschliff, eine Art Brotmesser.

Irgendwie habe ich mir dann eingebildet, dass mir durch solch ein Messer keine wirklich lebensgefährlichen Schnittwunden beigebracht werden hätten können, und daher der Schusswaffengebrauch nicht gerechtfertigt war.

Nachdem mir später mal bewusst wurde, dass man beispielsweise Tomaten und Baguette mit gezackten Messern sogar besser schneiden kann, war ich beruhigt, dass das Küchenmesser vielleicht doch nicht so ungefährlich war.

Ich sah in dem Wellenschliff auch eine Erklärung, warum ich den Eindruck hatte, dass der Täter in den Armen seines Bruders mit dem Messer irgendwie hängen geblieben war beim rausziehen. Die Zacken der Messerklinge fungierten wohl irgendwie als eine Art Widerhaken.

Man macht sich halt dann so seine Gedanken.

Nachdem die Vernehmung endlich beendet war, fuhr ich zurück zur Dienststelle. Dort wartete bereits mein Vater bei meinem Inspektionsleiter auf mich.

Irgendwie ist mein Chef meinen Blicken ausgewichen, er konnte beim Reden mit mir meinem Blick nicht standhalten.

Kurz vorher ist ein Kollege der Dienststelle suspendiert worden, wegen einem Vorfall auf der Wiesenwache während des Oktoberfestes. Sein ganzes Auftreten hat auf mich gewirkt, als ob er sich schon hat rechtfertigen sehen, warum schon wieder eine Beamtin von seiner Inspektion Mist gebaut hat.

Ich hatte nicht den Eindruck, dass er hinter mir steht. Geschweige denn vor mir.

An diesem Samstag hätte ich von 06.00 Uhr bis 12.30 Uhr Frühschicht und wieder von 19.30 bis Sonntagmorgen, 06.00 Uhr Nachtschicht gehabt. Von der Nachtschicht wurde ich freigestellt.

Ich fuhr kurz zu meinen Eltern heim. Ich weiß nicht mehr, wie oft mich meine Mutter gefragt hat, ob ich noch einen Tee trinken möchte. Zu oft jedenfalls.

Mit meinem Vater bin ich später zum Schichtwechsel für die Nachtschicht noch mal auf die Dienststelle gefahren, zur Nachbesprechung. Mein Betreuer hat kurz die Ereignisse des Tages zusammengefasst und auch der Schicht die am Nachmittag Dienst gemacht hat berichtet, was vorgefallen ist. Die erschossenen Brüder waren am Nachmittag noch obduziert worden und mein Betreuer gab jetzt auch das Obduktionsergebnis bekannt.

Der erste Schuss hatte doch getroffen. Mitten in die Brust. Die Kugel wurde wohl irgendwie am Wirbelkanal abgelenkt und ist unterhalb des Schulterblattes am Rücken wieder ausgetreten.

Der zweite Schuss traf den Täter in den Mund, die Kugel hat den Zahnraum zerschmettert, ist ebenfalls am Wirbelkanal wie auch immer abgelenkt worden und ebenfalls hinten, unterhalb des Schulterblattes, wieder ausgetreten.

Und dieselbe Kugel hat anschließend den Kopf des Bruders im Schläfenbereich, oberhalb des rechten Auges, getroffen, der Schusskanal verlief quer durch den Kopf und das Projektil blieb in der Nackenfalte stecken. Der Bruder ist noch an Ort und Stelle verstorben, der Täter starb kurz nach der Einlieferung ins Krankenhaus.

Auf der einen Seite war ich erleichtert, dass die beiden Schüsse ihr Ziel, nämlich den Täter, nicht verfehlt hatten und ich nicht irgendwohin geballert habe.

Auf der anderen Seite habe ich mich ständig gefragt, ob ich den Bruder nicht doch irgendwie sehen hätte können. Und ob ich mir das eingebildet hab, dass er weggekrabbelt ist.

Anhand der Blutspuren ließ sich jedoch nachvollziehen, dass der Bruder tatsächlich ins Badezimmer gekrabbelt war und seine Schnittverletzungen provisorisch mit einem Handtuch umwickelt hatte.

In der Zwischenzeit war der erste Schuss gefallen, und er muss wohl aus dem Bad gekommen sein, in geduckter Haltung hinter seinem größeren Bruder für uns alle nicht sichtbar in dem dunklen Gang, genau in dem Moment, als der zweite Schuss fiel.

Auf Tatortfotos sah ich später den Bruder tot am Boden liegen mit dem Handtuch um den Arm gebunden. Das hat mich beruhigt. Das Handtuch war für mich der Beweis, dass der wohl offensichtlich doch im Bad war und ich mir das nicht nur eingebildet hatte, dass er weggekrabbelt ist. Ich hatte schon daran gedacht, ob mir das nur erzählt worden ist mit dem Handtuch, um mir alles leichter zu machen oder ähnlich, damit ich mir keine Vorwürfe machen brauche.

Mir fiel auf, dass mich mein Dienststellenleiter nach der Besprechung beim Verabschieden wieder richtig angesehen hat und offensichtlich erleichtert gewirkt hat.

Jetzt nachdem das Obduktionsergebnis feststand. Jetzt nachdem feststand, dass ich vielleicht doch keinen Mist gebaut hatte.

Kein Vergleich mit seinem Verhalten vom Nachmittag.

Sonntag, der Tag danach

Samstagnacht habe ich bei meinen Eltern verbracht. Meine Mutter hat meinen Vater auf der Couch einquartiert und mich im Ehebett. Jede Widerrede war zwecklos.

Ist mir ja auch angekündigt worden, dass es mir schlecht gehen könnte, da sollte ich nicht alleine sein.

Ich hab so gut geschlafen wie schon lange nicht mehr.

Am Sonntag bin ich in meine Wohnung, meine Mutter hatte die Floskel „Das Gegenteil von gut ist gut gemeint“ voll bestätigt und mich mit Überfürsorge erdrückt. Irgendwie bleibt man wohl immer ein Kind für seine Eltern.

Am Abend war ich für eine Operette verabredet. Ich war dabei mich in Abendkleidung zu werfen und beim Kontrollblick in den Spiegel kam mir blitzartig der Gedanke „Da erschießt du zwei Menschen und gehst jetzt in die Oper“. Ich hab angefangen zu heulen und konnte nicht mehr aufhören. Zu diesem Zeitpunkt habe ich wohl gefühlsmäßig begriffen, was passiert war. Bis dahin war ich emotional irgendwie taub und mir war alles so gleichgültig, ich hatte schon ein schlechtes Gewissen gehabt, bin mir unmenschlich und unnormal vorgekommen, weil ich mich nicht schlecht fühlte, obwohl ich zwei Menschen getötet hatte.

Daher empfand ich es auch als Erleichterung, dass ich jetzt weinen konnte und ich doch noch menschliche Gefühle hatte.

Meinen Bekannten habe ich bezüglich der Oper abgesagt, die wussten dank Bild am Sonntag schon, was passiert war.

Auf die Frage, warum ich den zweiten eigentlich auch erschossen hätte, fiel mir spontan nichts ein.

Montag, zwei Tage danach

Am Montag, 30. November, schaute ich kurz im Dienst vorbei, da mir meine Beförderungsurkunde zur Kommissarin mit Wirkung zum 1. Dezember ausgehändigt wurde.

Noch am Samstag während wir vernommen worden sind, ist wohl in höheren Kreisen diskutiert worden, ob man mich nicht gleich am Samstag noch befördern soll. Vielleicht wollte man es in der Presse besser dastehen lassen, macht einen Unterschied, ob jetzt eine Polizeikommissarin schießt oder nur eine Anwärterin.

Ich war froh, dass ich überhaupt befördert wurde.

Auf der Dienststelle hat mir ein Verfügungsgruppenleiter seine Anerkennung ausgesprochen. Er sei zuerst skeptisch gewesen, als ich zur Inspektion kam, „ob ich es bringen würde“, aber jetzt, Respekt, Respekt.

Ich kann allgemein schlecht mit Komplimenten umgehen, und in diesem Fall erst recht.

Ein älterer Kollege hat mir einen kleinen süßen Engel geschenkt. Aus verschiedenen Nudelsorten war der zusammengeklebt und silberfarben lackiert. Da hab ich mich richtig gefreut, den Kollegen hätte ich gleich umarmen können.

Ein Verkehrsachbearbeiter, der auch befördert worden war, hat mich vor all zu viel Fragen gerettet und ist mit mir zur Feier des Tages in die Kantine des benachbarten Justizgebäudes gegangen.

Dienstag, drei Tage danach

Während meiner kurzen Stippvisite auf der Dienststelle am Vortag habe ich ganz nebenbei erfahren, dass für Dienstagvormittag, vor Beginn der nächsten Schichtrunde, beim Zentralen Psychologischen Dienst eine Besprechung für alle Einsatzkräfte vom Samstag stattfinden sollte.

Ich weiß nicht, warum man mir nicht Bescheid gegeben hat, vielleicht krieg ich das noch raus, dass man mich vergessen hatte, konnte ich mir nicht vorstellen, aber warum man mich absichtlich nicht informiert hat, konnte ich mir genauso wenig erklären.

Da ich der Meinung war, zur Teilnahme an diesem Debriefing auch berechtigt zu sein, bin ich einfach hingefahren, ich wollte nicht ausgeschlossen sein.

Auf dem Weg dorthin fuhr ich die Parallelstraße zum Einsatzort entlang, ich hatte Mühe, mich aufs Fahren zu konzentrieren, irgendwie bekam ich furchtbar Herzklopfen, als mir bewusst wurde, dass nur einen

Häuserblock entfernt der Tatort war. Auf der Rückfahrt später, fuhr ich extra einen Umweg.

Beim psychologischen Dienst sah ich alle Kollegen der Schicht erstmals seit Samstag wieder. Die Einleitung über ethische und moralische und rechtliche und was sonst noch Schuld, war nicht annähernd so interessant für mich, wie die Erzählungen der Kollegen, jeder berichtete aus seiner Sicht, wie er den Einsatz für sich erlebt hat.

Nicht nur für mich war der Einsatz belastend gewesen.

Genervt hat mich ein junger Praktikant von der fremden Dienststelle. Er hat es nicht verstanden warum ich geschossen habe. Er kam immer wieder mit dem Stuhl an, den ich seiner Meinung nach benutzen hätte können. Welcher Stuhl? Von welchem Stuhl redet der? Wie benutzen? Wozu? Ich hatte den Eindruck, als ob er irgendeine Szene aus einem Kinofilm vor Augen hatte und sich daran festgebissen hatte.

Ich habe ihn nicht ernst genommen, den Praktikanten. Zumal er auch während des Einsatzes ein Stockwerk tiefer im Treppenhaus stand, er hat die Schüsse zwar gehört, aber sonst nichts mitbekommen. Das disqualifizierte ihn meiner Meinung nach, um einsatztaktische Bewertungen abzugeben, geschweige denn mich anzugreifen.

Nach der Besprechung war ich echt sauer, denn wenn ich nicht zufällig von dem Treffen erfahren hätte, wäre mir echt etwas entgangen. Für mich war es wichtig, die anderen Kollegen zu sehen, bevor der alltägliche Dienst wieder losging, und die Erzählungen der Kollegen waren aufschlussreich.

Wenn in der Presse mal wieder was steht von wegen, „die eingesetzten Kräfte wurden psychologisch betreut", weiß ich jetzt auch, wie das ablaufen kann.

Mittags ging unsere Schichtfolge wieder los. Mir wurde freigestellt, in den Dienst zu gehen oder solange zuhause zu bleiben, wie ich wollte. Ohne, dass mir Stunden abgezogen werden. Ich entschied mich gleich, wieder in den Dienst zu gehen, bis auf die ersten beiden Nachtschichten. Ich konnte nicht wirklich schlafen und war todmüde, aber daheim wäre mir nur die Decke auf den Kopf gefallen.

Zumal ich es mir auch gar nicht leisten konnte, eine Auszeit zu nehmen, da ich ja von Polizeidienst immer noch nicht viel Ahnung hatte und schnellstmöglich darin fit werden wollte.

Mein Dienstgruppenleiter wollte extra wegen mir von einer Besprechung außerhalb fern bleiben, aber ich bestand darauf, dass er fährt. Krieg ich schon hin. Eine Ersatzwaffe hatte ich schon bekommen, meine war ja als Beweismittel sichergestellt worden.

Es war der 1. Dezember, der erste Tag an dem ich offiziell Kommissarin war und entsprechend Schulterklappen mit einem silbernen Stern, anstatt Balken tragen musste. Ich hatte so eine Ahnung, dass vielleicht alle schauen würden, ob ich befördert worden bin oder nicht. Bei dem Gedanken fühlte ich mich äußerst unwohl.

Ich entschied mich für das damals einzige Uniformstück, an dem keine Schulterklappen zu tragen waren, den schicken, beigefarbenen, kratzenden Rollkragenpullover. Zum Glück war Winter.

Mir sind die Blicke nicht entgangen. Aber gefragt hat auch keiner. Und rumposaunen, dass ich befördert wurde, wollte ich nicht.

Zu Dienstbeginn bekam ich meinen Schiessleistungsnachweis in die Hand gedrückt, damit ich ihn wieder in den entsprechenden Ordner zurücklege.

War da kontrolliert worden, ob ich ja immer meine Übungen geschossen habe? Wurde geprüft, wie gut ich war? Ist das jetzt gut oder schlecht, wenn man ein Superschütze ist? Ab wann gilt man als guter Schütze? Schlecht war ich jedenfalls nicht. Egal, abgeheftet.

An diesem Nachmittag wurde nur soviel gearbeitet wie nötig. Ich hatte als Dienstgruppenleiter-Ersatz sowieso Innendienst am Funktisch, ansonsten sind wir in ruhigen Minuten alle in der Küche gesessen und nur bei Notrufeinsätzen rückten Streifen aus, die nach

Erledigung aber schnell wieder einrückten. Irgendwie war ein Redebedarf da. Man konnte nicht einfach so wieder in den normalen Dienstbetrieb übergehen. Wir waren 14 Leute in der Dienstgruppe, nicht alle waren bei der Schießerei dabei, einige hatten Urlaub, Dienstausgleich, oder Standposten am Türkischen Generalkonsulat und wollten natürlich wissen, was los war. Und der Vormittag beim Psychologischen Dienst hatte auch Nachwirkungen.

Mir ist nicht entgangen, dass der Inspektionsleiter immer mal wieder auf der Wache umher geschlichen ist.

Irgendwann kam ein Anruf, der Leiter der Pressestelle war am anderen Ende. Der war zunächst verdutzt, dass er mich am Telefon hatte und hat noch mal nachgefragt. Ja, ich bin diejenige welche. Er kündigte per Fax einen mehrseitigen Fragebogen vom FOCUS und SPIEGEL an, den ich ausfüllen sollte. Jetzt war ich verdutzt.

Mittlerweile war mein Dienstgruppenleiter zurückgekommen und hat das geregelt. Ich musste nichts ausfüllen. Mein Betreuer hat mir später mal gesagt, er habe diesen Fragebogen für mich ausgefüllt. Nur eine einzige Frage davon. Nämlich die nach meinem Familienstand., dass ich ledig bin.

Mittwoch

Wieder nicht richtig geschlafen. Am Mittwoch zur Frühschicht beschloss ich doch, den kratzenden Rollkragenpullover gegen ein langärmeliges Uniformhemd zu tauschen. Mit den neuen Schulterklappen.

Das blieb nicht unbemerkt, es folgten Gratulationen zur Beförderung.

Und die erste Bemerkung: Ach so geht das also, braucht man bloß jemand erschießen und schon wird man befördert.

WIE WITZIG.

Was machst denn dann für die Beförderung zur Oberkommissarin?

RUHIG BLEIBEN.

Hamm se dich jetzt doch befördert? In der Zeitung stand doch, dass was schief gelaufen ist!

IN DER ZEITUNG.

In ähnlichen Varianten hab ich das noch ein paar Mal gehört.

Mag sein, dass ich mich zu einer Art Lächeln aufgerafft habe, mag sein, dass ich versucht habe mit einem lockeren Spruch zu kontern, aber es hat mich getroffen.

Ja wirklich, Kollegen. Ihr werdet es nicht glauben. Im ersten Moment nimmt man solche Bemerkungen vielleicht auch einfach nur so auf. Aber im Unterbewusstsein sitzt so was fest und arbeitet vor sich hin, und die Bemerkung fällt einem wieder ein, und dann ärgert man sich doch. Spätestens bei der nächsten blöden Bemerkung, fällt einem die erste wieder ein.

Ich habe auch manchmal ein lockeres Mundwerk. Aber irgendwo ist die Grenze erreicht. Bei mir zumindest.

Und selbst, wenn einem einmal ein blöder unpassender Spruch rausrutscht, was ist denn dabei sich zu entschuldigen? Oder mal nachzufragen, du, das war jetzt nicht so gemeint, ich hoffe du hast es nicht so aufgenommen?

Danke an meine Schicht. Aus meiner Dienstgruppe kam NIE eine blöde Bemerkung.

Danke an meinen Inspektionsleiter, der mich unbedingt aus meiner Dienstgruppe raus haben wollte. Weil es so üblich war, dass nach drei Monaten Einlernen der neue Dienstgruppenleiter-Vertreter durchgetauscht wird. Mein Betreuer hat das zum Glück verhindern können.

Apropos Inspektionsleiter, der rief mich zu sich ins Büro. Zuerst kam die obligatorische Frage, wie es mir geht. Dann kam die Frage, ob mir aufgefallen ist, dass gestern kaum Streife gefahren wurde.

Ich versuchte zu erklären, dass es einfach einen großen Redebedarf gegeben hat. Er muss mich wohl überhört haben.

Ihm sei aufgefallen, dass gestern fast ständig alle beim Ratschen in der Küche saßen. Zu meinen Führungsaufgaben würde es nämlich schon gehören, dafür Sorge zu tragen, dass auch in der einsatzfreien Zeit Streife gefahren und Präsenz gezeigt wird, Verkehrskontrollen durchgeführt werden, Fußstreifen eingesetzt werden.

Aha.

Mir ist nichts dazu eingefallen. Erst zuhause. Zuhause fiel mir ein, was alles zu SEINEN Führungsaufgaben gehört.

Und die Frage nach meinem Befinden hätte er sich auch sparen können.

Auf die Frage wie es mir geht, habe ich damals und in der Folgezeit allergisch reagiert, ich konnte nur selten unterscheiden ob mich jemand einfach nur so fragt, als Floskel wie im Englischen das >How do you do?< verwendet wird, oder ob jemand tatsächlich wissen will, wie es mir geht und auch eine richtige Antwort von mir haben will außer ein „Passt schon".

Die nächsten Wochen

Ich versuchte so normal wie möglich zu wirken und so zu tun, als ob nichts passiert war. In den Medien kam nur noch selten was.

Dass in der Zeitung oder im Fernsehen nicht alles der Wahrheit entsprach, hat mich nicht wirklich aufgeregt, weiß man ja. Aber, dass Bekannte und vor allem auch Kollegen diese Tatsache offenbar nicht wussten und mehr der Zeitung geglaubt haben als mir, hat mich schon geärgert. Richtig geärgert sogar und enttäuscht. Gerade von Kollegen hätte ich schon erwartet, dass sie polizeiinterne Informationsquellen nutzen.

Ich war dankbar, dass mein Name nicht in der Presse stand und keine Reporter Empfangskomitees vor meiner Wohnung bildeten.

Zum einen hatte die Pressestelle im Polizeipräsidium ganze Arbeit geleistet, zum andern hatte wohl kein anderer der über 5.000 Hobby-Pressesprecher (so viele Polizisten waren damals etwa beim Präsidium München) das Bedürfnis, mit der Presse zu sprechen.

An der Wache im Präsidium wurde ein Blumenstock für mich abgegeben mit einer netten Karte. Die Schrift glich dem Altdeutschen und stammte von einem mir unbekannten Ehepaar, das an mich denken würde und mir Kraft wünscht.

Ein Blumenstock vom Bürger. Hat mich echt riesig gefreut.

Die weniger netten Reaktionen vom Bürger sind nicht an mich weitergereicht worden, da hat mein Betreuer als Abfangjäger fungiert. Irgendwann will ich schon mal wissen, was bei ihm so aufgelaufen ist.

Eine Karte von einem Bürger aus Norddeutschland, der mich mit Begleitperson für eine Woche Urlaub am Meer einladen wollte, wurde mir übergeben.

Ich sollte erwähnen, dass die beiden erschossenen Brüder von der Herkunft her polnischer Abstammung waren und Juden, was sich hinterher herausgestellt hat.

Und der spendable Herr war politisch engagiert und hatte einen rechtsextremen Hintergrund, um es mal vorsichtig auszudrücken. Mein Betreuer hatte wieder einmal mehr seine grandiose Weitsicht gezeigt und vorab Erkundigungen eingeholt.

Ich kann mir nicht recht vorstellen, was passiert wäre wenn ich den Urlaub angetreten hätte. So krank ist meine Phantasie dann auch wieder nicht.

Mir wurde erklärt, dass der Täter unter paranoider Schizophrenie litt und früher schon für längere Zeit in psychologischer Behandlung war deswegen. Der Täter hatte auch gar keine Suizidabsichten, sondern hatte sich die Schnitte beigebracht, um sich durch den Schmerz wieder selbst zu spüren oder so ähnlich.

Und wir waren für ihn so was wie grüne Marsmenschen – äh gänsescheißegrüne Marsmenschen – die ihm Böses wollten. Und wohl auch der Bruder war psychisch krank, an dem Tag schien er aber ganz normal gewesen zu sein.

Wenn in der Folgezeit ein Einsatz anlief, der mit einem psychisch Kranken zu tun hatte, hat einer der Funksprecher in der Einsatzzentrale immer wieder Witze auf meine Kosten gemacht.

Bemerkungen wie: Jetzt haben wir wieder einen Durchgeknallten für dich, hast doch gleich erledigt. Du sparst dem Staat einen Haufen Geld, was so eine Zwangseinweisung und Unterbringung kostet, ja bei dir kostet 's bloß Munition.

Ich hab mal so was geantwortet wie: Na ja, so billig ist die Munition auch wieder nicht.

Bin ich da doch zu empfindlich? Hab ich bei der Polizei doch nichts verloren, wenn mich so was auf die Palme bringt? Innerlich. Äußerlich war ich ja so cool.

Bei solchen Bemerkungen wusste ich auch nie, wie ich mich verhalten soll. Wenn ich versucht habe, witzig zu antworten, hatte ich Angst, dass die Kollegen vielleicht sogar noch dazu ermuntert werden, für weitere Sprüche.

Und wenn ich mir hätte anmerken lassen, dass mich die Sprüche verletzen, hatte ich Angst, dass man mich erst recht damit aufzieht.

Der Kollege von der Einsatzzentrale war ja sonst echt in Ordnung.

Er war auch Einsatzsprecher damals bei der Schießerei. Als die Kollegin gefunkt hatte, dass der vermeintliche Selbstmörder mit dem Messer auf sie losgeht, hat der Sprecher vorschriftsmäßig einen Hinweis auf Eigensicherung durchgegeben und muss wohl dazu gesagt haben, dass sie an ihre Schusswaffe denken soll. Habe ich nicht mitbekommen, ich war zu diesem

Zeitpunkt auf dem Weg zum Streifenwagen. Der Kollege hat Ärger bekommen, weil er das mit der Schusswaffe konkret erwähnt hat.

Ja und?

Als ob man ihn verantwortlich machen kann, dass zwei Leute erschossen worden sind.

Irgendwie hab ich versucht, immer lustig zu wirken, Hauptsache es merkt keiner, dass bei mir vielleicht doch nicht alles in Ordnung ist.

Kollegen, die mich besser kannten und es merken wollten, haben es gemerkt. Ich bekam die Rückmeldung, dass ich so übertrieben lustig und gekünstelt witzig war.

Leider habe ich mir auch angewöhnt, andere mal aufzuziehen oder Witze auf Kosten anderer zu machen. Hauptsache keiner merkt wie es in mir tief drinnen ausschaut.

Funktioniert. Kann ich aber nicht empfehlen.

In der Folgezeit hat es sich mit einer hartnäckigen Regelmäßigkeit eingependelt, dass ich ein bis zweimal im Monat von Einsätzen geträumt habe, in denen ein Kollege umkommt, weil ich falsch reagiert habe, oder ich schießen hätte müssen und nicht konnte, oder ich geschossen habe, obwohl es nicht gerechtfertigt war.

Ich habe nie von dem Einsatz selbst geträumt.

Komischerweise habe ich auch immer wieder geträumt, dass ich aus großer Höhe runtergeschubst werde, in einen leeren Aufzugschacht gestoßen werde, mir beim Klettern das Seil durchgeschnitten wird und ich abstürze. Irgendwie war immer jemand ursächlich dafür, dass ich irgendwo runter gefallen bin. Und vor dem Aufklatschen am Boden bin ich aufgeregt mit Herzklopfen aufgewacht. Aber Höhenangst habe ich noch nie gehabt.

Zum Zahnarzt musste ich ungewöhnlich oft, da mir in kurzen Abständen immer wieder Füllungen heraus gebrochen sind.

Meine Zahnärztin fragte mich, ob es was gibt das ich nicht verarbeitet hätte, da ich in der Nacht seit neuestem mit den Zähnen knirschen würde.

Nachdem die Schäden dadurch wieder behoben waren, hab ich den Zahnarzt gewechselt.

Der neue hat nie gesagt, ich würde knirschen. Na also.

Ich habe mir erfolgreich eingeredet, dass ich alles gut überstanden habe.

In der Presse wurde ab und zu noch im Zusammenhang mit dem Einsatz etwas berichtet, wie zum Beispiel über die Vollmantelmunition, die Schuld gewesen sein soll am Tod des Bruders. Mir wurde gesagt, dass auf diese kurze Distanz, jede Munition durch den ersten Mann durchgegangen wäre.

Für mich selbst habe ich den Beschluss gefasst, falls ich jemals wieder in die unwahrscheinliche Situation kommen sollte, schießen zu müssen, wenn es um Leben und Tod geht, schieße ich gleich in den Kopf.

Ist effektiv, die Wahrscheinlichkeit, dass man ein zweites mal schießen muss geht gegen Null, und somit auch das Risiko, einen anderen zu treffen durch Quer- oder Durchschläger.

Es gab wieder Diskussionen über das Tränengasspray. Auch aus anderen Fällen war bekannt, dass bei stark alkoholisierten oder unter Drogeneinfluss stehenden Personen das Tränengas keine Wirkung erzielte. Als Alternative war Pfefferspray im Gespräch.

Ebenso gab es Überlegungen, den herkömmlichen Funk, der wie in unserem Einsatz im Wohngebäude nicht funktionierte, durch einen digitalen Funk zu ersetzen.

Durch möglichst viele sachliche Informationen wollte ich für mich selbst den Einsatz noch einmal rekonstruieren. Ich dachte mir, wenn ich das nicht zeitnah mache, hätte ich später vielleicht nicht mehr die Gelegenheit dazu.

Mit meinem Betreuer und meinem Inspektionsleiter bin ich nochmals in die Wohnung gegangen, habe die Obduktionsberichte studiert. Ich dachte, dadurch könnte ich meine wirren Erinnerungen sortieren und mich vielleicht noch an weitere Dinge erinnern.

Hat nicht funktioniert. War aber trotzdem hilfreich, da zumindest keine neuen Fragen für mich aufgetaucht sind.

Neulich fand ich in meinen Unterlagen eine Zeichnung von mir, die ich in dieser Zeit gefertigt habe und warf sie weg. Ich habe nie jemand davon erzählt, war mir echt peinlich.

Die Zeichnung sollte eine Szene aus dem Nibelungenlied darstellen. Der Moment als Siegfried im Blut des von ihm getöteten Drachen gebadet hat und somit unverwundbar geworden ist, bis auf eine Stelle an der Schulter, die mit einem Blatt abgedeckt war.

Auf meiner Zeichnung badete eine Frau in dem Blut. Ohne Blatt. Ohne Schwachstelle.

Hätte mich jetzt doch interessiert was ein Psychologe da hinein interpretiert hätte.

1999

Zum Jahreswechsel konnten die Medien wohl eine gewisse Häufung von fragwürdigen Einsätzen und Fehlverhalten bei der Polizei feststellen, und ich hatte die zweifelhafte Ehre, immer wieder in einer Auflistung der „größten Polizeiskandale" der letzten Zeit aufgeführt zu werden. Wie schon gesagt, wäre alles halb so schlimm gewesen, wenn sich Leute aus meinem Umfeld nicht so sehr davon beeinflussen hätten lassen und mich mit Kommentaren und Nachfragen verschont hätten. Generell war ich ja froh wenn mich jemand fragte und ich etwas richtig stellen konnte, aber manche Nachfragen hatten schon so einen merkwürdigen Unterton, da hätte auch die beste Antwort von mir nichts mehr ausrichten können.

Im Februar 1999 ging bei der Staatsanwaltschaft eine Anzeige einer Tante der beiden Brüder wegen Totschlags und fahrlässiger Tötung gegen mich ein.

Jetzt war ich doch Beschuldigte.

Aber nicht lange.

Im März wurde das Verfahren nach nur einem Monat eingestellt.

Als Beschuldigte wurde ich offiziell nie belehrt oder vernommen. Im Bescheid der Staatsanwaltschaft war zu lesen, dass kein Anlass bestand, mich als Beschuldigte zu vernehmen, da ich als Zeugin umfassend Angaben gemacht hatte und bei einer Vernehmung als Beschuldigte, nicht mit neuen Erkenntnissen zu rechnen war.

Habe mich zwar gewundert über diese Rechtsauslegung, aber war froh, dass mich alle in Ruhe gelassen haben.

Die Verwandten legten daraufhin Einspruch gegen den Einstellungsbescheid bei der Generalstaatsanwaltschaft ein.

Ende Mai händigte mir mein Inspektionsleiter ein Schreiben der Staatsanwaltschaft aus. Der Einstellungsbescheid des Verfahrens. Der Bescheid war auf März datiert und jetzt, erst zwei Monate später, erhielt ich das Schreiben.

Ich fragte meinen Inspektionsleiter, ob er etwas Neues wüsste von der Generalstaatsanwaltschaft, dass das Verfahren im März eingestellt worden war, wusste ich ja schon vorher, aber die Verwandten hatten ja gegen die Einstellung Einspruch eingelegt.

Er wusste nichts Neues. Er wusste auch nicht, dass die Verwandten Einspruch eingelegt hatten, obwohl auch in den Medien mehrfach davon berichtet worden war.

Sonst wusste er immer alles.

Er wusste aber ganz sicher, dass ich mir da jetzt was zusammenreimen würde. Weiter meinte er, ich solle jetzt endlich einmal damit abschließen, es gut sein lassen und zur Ruhe kommen.

Er war überzeugend und ich dachte wirklich, dass ich jetzt falsch liege oder schon unter Verfolgungswahn leide.

Bis zu einem Gespräch mit meinem Betreuer. In meiner Verwirrung wandte ich mich mal wieder an ihn, er brachte darauf meinen Inspektionsleiter auf den neuesten Kenntnisstand.

Irgendwann im Juli erhielt ich die erlösende Nachricht, dass die Generalstaatsanwaltschaft dem Einspruch nicht stattgegeben hatte und die Einstellung des

Verfahrens wegen Notwehr rechtmäßig war. Ein neues Verfahren wurde daher nicht eingeleitet. Auch kein Klageerzwingungsverfahren. Bedeutete für mich so was wie Rechtsfrieden.

Auf Hinwirken meines Betreuers gab es dann auch eine Presseerklärung der Staatsanwaltschaft, so dass auch ja jeder Zeitungsleser in meinem Umfeld Bescheid wusste. Denn was in der Zeitung steht, muss ja schließlich stimmen.

Zurück zum Alltag.

Ich hatte Angst, Fehler zu machen. Zum Glück ist mir nie ein größerer unterlaufen. Doch selbst da hatte ich immer die Befürchtung, man könnte mir vorwerfen, dass ich es nicht mehr bringen würde. Ich setzte mich selbst ständig unter Druck, versuchte perfektionistisch jedes noch so unwichtige Detail zu berücksichtigen, um zu beweisen, dass ich meinen Beruf noch gut ausüben kann. Kritik habe ich zu persönlich genommen. Bei Beschwerden vom Bürger tat ich mich schwer, mich abzugrenzen und zu trennen, dass dieser ja nichts gegen meine Person an sich hat, sondern sich gegen die polizeilichen Maßnahmen wehren wollte, die ja jeder andere Polizist genauso ergreifen hätte müssen.

Ein Kollege der Ermittlungs- und Erhebungsgruppe legte mir einmal eine Fotografie eines Pkw vor. Ob ich den Fahrer erkenne. Kurzer Blick, nein, kommt mir nicht bekannt vor.

Das Foto war wegen einer Geschwindigkeitsübertretung aufgenommen worden und der Kollege musste jetzt den Fahrer dazu ermitteln. Der Halter des Pkw war einer der erschossenen Brüder.

Ich starrte wieder auf das Foto, aber ich erkannte den Mann immer noch nicht.

Der Kollege beschloss, es muss wohl einer der Brüder gewesen sein und argumentierte entsprechend. Ich war froh, dass ich keine Stellungnahme dazu abgeben musste und der Kollege war zufrieden, als er von mir das Justizaktenzeichen des Verfahrens für seine Unterlagen bekam.

November 1999

Der Zentrale Psychologische Dienst und die Einsatzabteilung kamen auf die Idee, unser Einsatz sei der ideale Fall für ein Pilotprojekt, ein Workshop zur Aufarbeitung von belastenden Einsatzerlebnissen. Wir stimmten zu, als Versuchskaninchen herzuhalten.

Einigen Leuten war wichtig, dass der Workshop noch vor dem ersten Jahrestag, also noch vor dem 28. November, stattfinden sollte.

Im ersten Teil sollte der Einsatz nachgespielt werden und zwar so, wie es wirklich war und nicht so, wie es besser oder anders hätte laufen können. Hilfreich wäre gewesen, wenn jeder ein Drehbuch bekommen hätte in dem genau gestanden hätte, was jeder Kollege damals tatsächlich gemacht hat.

Zwei Polizeieinsatztrainer mimten die Täter in einem leeren Büro, wir standen alle im Treppenhaus vor der Bürotüre. Wie es überhaupt soweit kam, war offenbar bedeutungslos.

Ich empfand es als eine Art Wettkampf, wer als erster ins Büro stürmt. Mir war das alles zu unrealistisch und ich habe mich herausgehalten. Es fiel gar nicht auf, dass ich nicht bei den Kollegen stand. Vom Treppenhaus aus habe ich die ganze Situation von hinten beobachtet, bis abgebrochen wurde. Irgendwann fiel doch auf, dass die „Schützin“ fehlte.

Ein zweiter Anlauf verlief ähnlich. Da standen wir dann schon zu zweit im Treppenhaus und haben uns gewundert.

Der zweite Teil des Workshops war aufschlussreich. Es nahmen alle Kollegen teil, die in den Einsatz irgendwie eingebunden waren.

Auch die zwei fremden Polizisten die damals einfach hochgegangen waren. Bis zu diesem Tag war ich ja der Meinung, dass der Anlass fürs Hochstürmen das Geschrei oben war, wie mir ein Kollege damals auf meine Nachfrage hin mitgeteilt hatte. Aber dann stellte sich heraus, dass die beiden einfach so das Haus betreten hatten und gleich nach oben durchmarschiert waren. Einfach so. Sie wussten auch nicht warum.

Der Psychologe schritt ein, als ich die Kollegen immer mehr bedrängte, um doch noch zu erfahren, warum sie hochgestürmt waren.

Keine Schuldzuweisungen. Der Psychologe hatte Recht. Wäre auch zu einfach gewesen, zwei jungen Polizisten die Schuld an der Dramatik und Verkettung unglücklicher Umstände zuzuschieben. Vom Verstand her ist mir das klar, aber vom Gefühl her, könnte ich beiden immer noch eine reinhauen.

Der dritte fremde Kollege bei dem Einsatz war ja der Praktikant den die beiden dabei hatten. Der mit der Vorstellung, ich hätte welchen Stuhl auch immer zu welchem Zweck auch immer benutzen sollen.

Er war bei dem Workshop aber nicht anwesend. Es wurde berichtet, dass er in dieser Schicht damals nicht nur seine erste Leiche, sondern – mit den erschossenen Brüdern – gleich seine zweite und dritte Leiche auf einmal hatte. Vermutlich war das mit einer der Gründe, warum er inzwischen gekündigt hat.

Die Kollegin von der Notrufannahme hatte sich auch Gedanken gemacht. Schließlich hatte der Mitteiler ja bei ihr angerufen und um Hilfe für seinen Bruder gebeten. Und sie hat ihm in ihren Augen quasi diese Hilfe in Form einer tödlichen Kugel geschickt.

Über den Kollegen, der die Tür eingetreten hatte und vor mir in die Wohnung gegangen war, wurde später in Führungskreisen diskutiert, ob er für die Polizei noch tragbar sei, weil er mich angeblich im Stich gelassen hätte. So ein Unfug kann nur Leuten einfallen, die schon zu weit vom Polizeialltag weg sind. Er hat mich nicht im Stich gelassen. Die Rollenverteilung war nun einmal so, dass er der aktive Beamte war und ich die Sicherung übernahm. Punkt.

Das ging alles so schnell damals. Er stand nach dem Einsatz des Tränengases unbewaffnet da, jederzeit bereit, sich im passenden Moment auf den Täter zu stürzen. Und um sich selbst zu schützen, musste er zurückweichen, als der Täter auf uns losging.

Ja, ich verteidige den Kollegen. Auch später konnte ich mich immer auf ihn verlassen und bin gern Streife mit ihm gefahren.

Wir beide mussten später einmal eine Wohnung nach einem psychisch Kranken durchsuchen, um eine Zwangseinweisung in die Psychiatrie im Auftrag für das Gesundheitsamt durchzuführen. Langsam haben wir uns in die Wohnung vorgetastet. Die Wohnung war genauso kniehoch zugemüllt und verdreckt wie die des Täters damals. Auch sonst hatte die Situation erstaunlich viele Parallelen. Ich war mehr als nötig angespannt.

Die Wohnung war leer und der Einsatz damit vorerst beendet.

Das Schweigen während der Rückfahrt im Auto hat mein Kollege gebrochen: Er fragte mich, ob ich wüsste, woran ihn diese Wohnung jetzt erinnert hat.

Ja, wusste ich. Wusste ich nur zu genau.

Ich war so erleichtert, dass es nicht nur mir so ging.

Der junge Obermeister, der damals an diesem Samstag mit mir als Streife eingeteilt war, hatte sich selbst Vorwürfe gemacht. Weil er sich in der Rolle des Streifenführers gesehen hatte und glaubte, er hätte verhindern müssen, dass ich überhaupt in so eine gefährliche Situation gerate. Er hatte sich für mich verantwortlich gefühlt. Er war es auch, der in der Wohnung hinter mir war und versuchte mich an der Lederjacke rückwärts aus der Wohnung zu ziehen als der Täter auf mich losging. In der Angst, ich könnte stolpern, wenn er zu fest an meiner Jacke zieht.

Irgendwie empfinde ich eine seltsame Verbindung mit den beiden Kollegen, auch wenn wir überhaupt keinen Kontakt mehr haben. Das wird auch in zehn oder zwanzig Jahren noch so sein.

In dieser Hinsicht war der Workshop sehr wichtig für mich.

Mehr als traurig bin ich darüber, was man daraus gemacht hat.

Der Workshop hätte dazu dienen sollen, Einsatzerlebnisse aufzuarbeiten. Der zusammenfassende Bericht über den Tag bestand jedoch schwerpunktmäßig aus einer einsatztaktischen Auswertung:

Die Kommunikation sei schlecht gewesen.

Der Funk wäre nicht geeignet, ein digitales Funksystem sollte eingeführt werden.

Es habe keine erkennbare Einsatzleitung gegeben.

Ein realitätsnäheres Einsatztraining muss eingeführt werden.

Einsatzkräfte müssten besser über den Umgang mit psychisch Kranken informiert werden.

Das Tränengas sollte gegen wirksameres Pfefferspray getauscht werden.

Mehr Ausbildung am Tonfa, den Einsatzstock, wäre angebracht.

Ein neuer Einsatzgürtel müsse her, warum auch immer.

Schutzwesten sollten mehr getragen werden.

Und natürlich bräuchte man eine neue Munition.

Ich bin mir mehr als verarscht vorgekommen.

Unter dem Vorwand, Einsatzerlebnisse aufzuarbeiten, und somit etwas für unser Seelenheil zu tun, hat man mit Hilfe des Zentralen Psychologischen Dienstes unsere Gesprächsbereitschaft ausgenutzt, um aus einsatztaktischer Sicht mögliche Schwachstellen des Einsatzes besser herauszufinden.

Ja ganz klar. Wenn von vornherein festgestanden wäre, dass es um eine einsatztaktische Auswertung geht, um mögliche Fehler aufzudecken, hätte sicherlich keiner teilgenommen.

Ich habe mich richtig geärgert. Am meisten über mich selbst, weil ich so blauäugig war und darauf reingefallen bin.

Als ich nach dem Workshop nach Hause gekommen bin, bekam ich einen Heiratsantrag. Einen ganz romantischen, ich war gerührt und hab natürlich ja gesagt.

Ich muss meinen Ex-Mann, übrigens auch Polizist, mal fragen, warum er sich gerade diesen Tag ausgesucht hat. Wir hatten uns erst vor sieben Monaten im März kennen gelernt, zu dem Zeitpunkt, als noch aufgrund der Anzeige durch die Angehörigen die staatsanwaltschaftlichen Ermittlungen gegen mich geführt wurden. Er war für mich wie eine Art Rettungsanker, ein Fels in der Brandung an dem ich mich in dem ganzen Trubel festhalten konnte.

Der Jahrestag der Schießerei ging unproblematisch vorüber, ich war nur in den Tagen davor innerlich angespannt und musste vermehrt an den Einsatz denken. Daran hat sich bis heute nichts geändert.

Kurz darauf bekam ich einen Anruf vom Staatsanwalt der mich vernommen hatte.

Er fragte mich wie es mir geht.

Ich gab ihm gegenüber schon zu, dass ich daran zu knabbern hatte, aber inzwischen alles wieder in Ordnung ist.

Er wunderte sich, dass ich doch Probleme gehabt habe. Da ich in der Vernehmung so einen taffen Eindruck gemacht hätte.

Der eigentliche Grund für seinen Anruf war, dass meine sichergestellte Waffe als Beweismittel nicht mehr relevant war und in der Asservatenkammer der Staatsanwaltschaft abgeholt werden musste.

Meine Waffe. DIE Waffe. Also genau DIE WAFFE! Irgendwie hatte ich ein mulmiges Gefühl und mein Bauch kam zu dem Entschluss, es wäre vielleicht besser wenn ich DIESE Waffe nicht mehr trage.

Ich habe mich an unseren Waffen- und Gerätewart gewandt, und sagte ihm, dass ich die jetzige Waffe gern behalten würde.

Er verstand es nicht.

Schließlich habe er ja auch mal einen Hund erschossen und er wüsste also schon, wie ich mich fühle.

Aber warum ich denn jetzt meine eigene Waffe nicht mehr will? Versteht er nicht. Die hätte ich doch jetzt gut eingeschossen. Da könnte ich mir doch sicher sein, dass die wenigstens trifft.

Außerdem könne ich die jetzige Waffe nicht behalten, die hat doch einen grünen Punkt am Griffstück. Ich konnte ihm nicht folgen.

Er erklärte mir, dass die Waffen, die mit einem grünen Punkt gekennzeichnet seien, als Ersatzwaffen dienten und nur für die Zeit ausgehändigt würden, wenn die eigene Waffe in Revision oder Reparatur ist.

Der Kollege hatte Recht. Wäre jetzt wirklich zu viel Aufwand gewesen, die Waffen zu tauschen. Und auf die Funktion der Waffe konnte ich mich ja auch tatsächlich verlassen.

Aber mein mulmiges Gefühl blieb, und so rief ich meinen Betreuer an, wie immer wenn ich mal wieder nicht recht weiter wusste. Er hatte vollstes Verständnis für mein Anliegen.

Ich bekam eine neue Waffe zugeteilt und meine alte Waffe aus der Asservatenkammer der Staatsanwaltschaft musste ich auch nicht abholen.

Einige Zeit später wurde das Tränengasspray durch das Pfefferspray ersetzt und eine neue Polizeimunition eingeführt, die eine größere Mannstoppwirkung haben sollte.

Um die neue Munition ausgehändigt zu bekommen, sollte man die 50 Schuss Munition die jeder Beamte als Grundausstattung erhalten hatte, zum Umtausch mitnehmen.

Auch nach zweimaligem Zählen kam ich nur auf 42 Schuss Munition. Ja, klar, dass es zwei Schuss weniger waren. Wo waren die anderen sechs? Ich wurde kurzzeitig nervös, bis mir einfiel, dass ja meine Waffe damals zusammen mit dem Magazin sichergestellt wurde, in welchem sich die restlichen sechs Schuss befunden hatten.

Das Angebot eines Kollegen, mir acht Patronen gleichen Kalibers aus seinen mysteriösen Privatbeständen zu geben, schlug ich aus, ich wollte jeglichen Ärger für ihn und für mich vermeiden. Also fuhr ich mit meinen 42 Schuss zum Umtausch. Fehler. Großer Fehler.

Zuerst mussten wir einen kurzen Film über die neue Munition ansehen. Der Film begann als Aufhänger mit meinem Schusswaffengebrauch.

Als ich in der Reihe stand zum Umtausch, hat mal wieder ein Kollege beim Entladen versehentlich in die Ladeecke geschossen. Wenigstens war er in der Ladeecke.

Ein Wunder, dass nicht mehr passiert bei dem gedankenlosen oder respektlosen Umgang mit der Waffe den einige Kollegen pflegen.

Ich war dran zum Umtausch. Die neue Munition bekam ich nicht ausgehändigt.

Ja aber ich bin doch die Kollegin die damals … in eurem gerade gezeigten Film kam am Anfang doch was von meinem Schusswaffengebrauch … wegen mir gibt's doch jetzt auch die neue Munition …

Waren alles keine Argumente.

Gegen meine aufsteigenden Tränen, habe ich erfolgreich angekämpft, ich war so wütend auf das ganze System.

Man erklärte mir, ich hätte nach dem Schusswaffengebrauch einen Antrag stellen müssen, dass ich acht neue Patronen bekomme. Witzig. Ich musste fast lachen. Ein witziger Schießausbilder.

Aber es war doch kein Witz. Der meinte es ernst.

Die Schießausbilder hatten dann wohl doch Mitleid mit mir, ich musste im Warteraum bleiben, bis nach Rücksprache mit meiner Dienststelle meine Munition doch getauscht wurde.

2000

Im März 2000 erfuhr ich, dass meine Mutter wieder an Krebs erkrankt war. Diesmal hatten sich Metastasen in den Knochen und der Leber gebildet.

Das traf mich so gewaltig, ich konnte nicht mehr richtig schlafen und war ständig müde. Nervlich war ich angespannt und gereizt, und auch so labil, dass mir oft beim geringsten Anlass die Tränen kamen.

Ich hatte vermehrt Albträume und darüber hinaus jetzt auch noch merkwürdige „Wachträume" die mir später als Flashbacks erklärt wurden. Im Gegensatz zu den tatsächlichen Albträumen, handelten diese Wachträume von der eigentlichen Schießerei. Immer wieder tauchten kurze Sequenzen von dem Einsatz auf, ich sah mich selbst, aus einer Art Kameraperspektive immer von hinten und rechts oben.

Diese Flashbacks handelten von dem Moment, als der Täter mit dem Messer auf mich zukam. Oder ich sah den Bruder vor mir tot umfallen. Oder der Anblick des Täters drängte sich mir auf, dieser Tunnelblickmoment mit dem karierten Hemd vor mir und dem starren Gesichtsausdruck des Täters.

Scheinbar zufällig tauchten immer wieder diese Bilder auf.

Mir war schon bewusst, dass dies jetzt nicht mit der Erkrankung meiner Mutter in Verbindung stehen kann.

Manchmal konnte ich einen Zusammenhang ausmachen, wann sich diese Bilder aufdrängten.

Immer, wenn ich zum Beispiel etwas Kariertes sah. Beide Brüder hatten ja karierte Hemden an. Man glaubt es nicht, wie viele Sachen es mit Karomuster gibt. Einen richtigen Hass gegenüber der Industrie habe ich entwickelt, weil soviel Kariertes hergestellt wird.

Ich kann gar nicht mehr mit Sicherheit sagen, wie das Karomuster der Hemden ausgesehen hat. Irgendwie grob rot-blau-weiß-kariert, typische Holzfällerhemden. Bei jedem Karomuster habe ich automatisch auch verglichen, wie viel Ähnlichkeit es mit den Hemden haben könnte. Ich versuchte mich zu beruhigen indem ich zum Beispiel die Feststellung traf, dass ja etwas zwar kariert ist, aber in ganz anderen Farben oder viel kleiner oder größer kariert ist. Oder ich sah etwas und habe überlegt, ob man das Muster jetzt überhaupt als Karomuster bezeichnen kann. Zum Beispiel, ob das Rautenmuster als Karomuster gilt. Oder das Pepita-Muster. Oder das Hahnentrittmuster.

Irgendwie war das ein Zwang, den ich nicht unterdrücken konnte. Ich war mir sicher, ich bin verrückt geworden.

Ein anderer Auslöser war, wenn ich irgendwas gelesen habe mit dem Bestandteil „Leon". Da gab es den Leonrodplatz, die Leonrodstraße, die Automarke Seat Leon, Mädchen mit Namen Leonie, Leonore, aber auch ähnliche Wörter wie Lemon, der Weichspüler Lenor, John Lennon.

Einer der getöteten Brüder hieß Leon mit Vornamen.

Ein weiterer Auslöser war eine Situation, in der ich Herzklopfen bekam.

Wenn ich zum Beispiel erschrocken bin, wobei mir auch auffiel, dass ich furchtbar schreckhaft geworden war. Oder auch beim Autofahren, wenn es eine brenzlige Beinahe-Unfallsituation gab.

Genauso bei körperlichen Anstrengungen, wenn ich schnell eine Treppe hoch gelaufen bin, beim Sport.

Beim Sex empfand ich die Bilder als besonders intensiv und mir kamen oft die Tränen dabei. Dann mussten wir abbrechen. Für Juni war die standesamtliche

Hochzeit geplant und ich hab mich im Bett so angestellt.

Ich habe mir deswegen sehr viele Gedanken gemacht, denn Sex war mir wichtig. Es lag aber nicht an meinem Partner. Der hat mich in keiner Weise an den Täter erinnert, und die körperliche Nähe habe ich auch nicht als Bedrohung empfunden.

Es hing wohl mit der sexuellen Erregung und der damit einher gehenden erhöhten Herzfrequenz an sich zusammen, da die Bilder auch auftauchten, wenn ich mich selbst befriedigen wollte.

Solche Auslöser versuchte ich dann zu reduzieren oder ganz zu vermeiden. Meinen Kleiderschrank habe ich ausgemistet. Alles was ich irgendwie als kariert bezeichnet habe oder ins Überlegen kam, ob das jetzt ein Karomuster ist. Bettwäsche, Geschirrtücher, Handtücher, Servietten, Tischdecken, Geschenkbänder habe ich auch entsorgt.

Ich trieb keinen Sport mehr.

Wenn ich wusste, dass ein ruhiger Kuschelabend mit Option auf mehr bevorstand, war mir vorher schon richtig unwohl. Daher versuchte ich, solchen Momenten aus dem Weg zu gehen.

Im Dienst war es besser, umso mehr Stress ich hatte. Je aufregender es auf der Wache oder im Einsatz war, desto mehr konnte ich aufkommende Bilder auch verdrängen oder sie tauchten erst gar nicht auf, das hat mich prima abgelenkt.

Aber in ruhigen Momenten kamen die Bilder und die Tränen. Wenn ich nach einem Einsatz einen Bericht am PC gefertigt habe, wenn alle Kollegen ausgerückt waren und ich für kurze Zeit allein war, wenn ich mit dienstlichem Papiermüll in den Keller zum Aktenvernichter ging.

Ich konnte mit niemandem darüber reden, schon gar nicht mit Kollegen.

Versucht habe ich es erst gar nicht, weil ich mir überlegt habe wie ich selbst darauf reagieren würde, wenn mir umgekehrt solche verrückten Probleme erzählt werden würden. Ich hätte genau zugehört. Ganz genau. Um später alles mal in einem Bericht für eine Begründung einer zwangsweisen Einweisung in die Psychiatrie wiedergeben zu können.

Zuhause habe ich bei geringstem Anlass geheult, hatte zu nichts mehr Lust, ging nicht mehr aus und bekam Selbstmordgedanken.

Die Sorge um meine Mutter hat mich auch aufgefressen. Sie wollte sich einfach nicht mehr behandeln lassen und hat jede Art von Chemotherapie abgelehnt.

Obwohl ich mich richtig bemüht habe, mir meine Probleme nicht anmerken zu lassen, konnte ich ihr nichts vorspielen. Sie wollte mich „zwingen“ einen Psychologen aufzusuchen. Als „Druckmittel“ hat sie angeboten, wenn ich zum Psychologen gehe, würde sie im Gegenzug wieder eine Chemotherapie machen.

Immer wieder hat sie mich daran erinnert, dass wir einen „Deal“ hätten.

Wenn ich meine Mutter sah, bekam ich ein schlechtes Gewissen. Schließlich war ich ja körperlich völlig gesund und somit hatte ich in meinen Augen keinen Grund, warum ich so verzweifelt war.

Juni 2000

Ich bin fast durchgedreht. Die gesamte Situation wuchs mir komplett über den Kopf.

Mir blieb nichts anderes mehr übrig, als mit einem Psychologen zu reden. Kann ja nichts schaden. Außerdem hatte ich Angst, dass ich in der Arbeit Schwierigkeiten bekommen würde und wollte lieber freiwillig in Therapie gehen, als zwangsweise geschickt zu werden.

Ich vertraute mich meinem Betreuer an, er erkundigte sich, wohin ich mich wenden könnte. Mein Eindruck war, dass er erleichtert war, dass ich mir jetzt endlich professionell helfen lasse.

Ich entschied mich für die Trauma-Ambulanz der Ludwig-Maximilians-Universität in München. Dort wurde erst beraten, ob ich behandelt werden kann, da zu Forschungszwecken bestimmte Auswahlkriterien bezüglich der Patientenannahme getroffen wurden, aber ich fiel wohl ins Raster.

Meine Mutter begann eine Chemotherapie. Deal ist Deal.

Eine sympathische Ärztin übernahm die Therapie, und nach einigen Gesprächen und Psychotests wurde eine chronische PTSD, zu deutsch eine posttraumatische Belastungsstörung, sowie eine Depression diagnostisiert und mir dringend zu einer Therapie geraten.

Es fehlte noch die Erklärung der Kostenübernahme durch die Krankenkasse. Die lehnte genau wie die Beihilfestelle ab, mit der Begründung, dass ja ein dienstliches Ereignis die Ursache für meine psychische Erkrankung sei und somit die Dienstunfallstelle bei der Bezirksfinanzdirektion die Kosten übernehmen müsse.

Mein Betreuer hat veranlasst, dass eine Anerkennung des Schusswaffengebrauchs als Dienstunfall beantragt wurde.

Es gab Schwierigkeiten, weil offenbar bisher noch nie eine rein psychische Störung ohne körperliche Verletzung als Dienstunfallfolge anerkannt worden war. Außerdem war die Schießerei schon 1 ½ Jahre her, zudem konnte ich keine ärztlichen Atteste vorweisen, da ich bisher ja noch nie wegen meinen psychischen Problemen bei einem Arzt vorstellig geworden war, noch nie eine Krankschreibung deswegen erfolgt war und ich mich auch jetzt ohne Einschränkung voll im Dienst befand. Aber letztendlich bekam ich doch einen Anerkennungsbescheid, und die Therapiekosten wurden im Rahmen der Dienstunfallfürsorge übernommen.

Am meisten hat mir zunächst geholfen, dass mir endlich mal jemand erklärt hat, warum ich so verrückt bin und, dass ich im Grunde gar nicht so verrückt bin. So erklärt, dass ich es auch kapiert habe, mit Beispielen und in verständlichen Bildern.

Da war die Sache mit dem grünen Hasen. Ich sollte an alles denken, an irgendetwas, nur nicht daran, dass ein grüner Hase auf meiner Schulter sitzt. Es hat einfach nicht funktioniert. Dieses doofe grüne Kaninchen hat sich immer wieder in meine Gedanken gedrängt. Genauso war es mit den Gedanken an den Einsatz. Man versucht sie zu verdrängen und an etwas anderes zu denken, und umso weniger kriegt man sie los.

Oder die Erklärung mit dem Erinnerungsschrank.

Normalerweise kann man Erinnerungen aus der Vergangenheit „einsortieren" wie in einen Schrank. Da gibt es zum Beispiel eine Schublade Hochzeit. Wenn man sich an seine eigene Hochzeit erinnern will, macht man quasi die Schublade „Hochzeit" auf und es fällt einem alles dazu ein, welche Band gespielt hat, was es zu Essen gab.

In meinem Fall war wohl keine Zeit zum Einsortieren. Alle Eindrücke wurden einfach irgendwie in den Schrank geworfen in irgendwelche Schubladen, so dass weder die Schubladen richtig geschlossen werden konnten, weil sich alles verklemmt hat und heraus quillt, noch die Schranktür selbst konnte geschlossen werden. Und in Form von so genannten Flashbacks, den Filmsequenzen und Bildern, sind unkontrolliert Erinnerungen aus den Schubladen gefallen und ich war in der Vergangenheit eingefangen, weil sich der Erinnerungsschrank nicht mehr schließen hat lassen.

Hört sich alles furchtbar kindisch an, aber so habe ich es begreifen können was mit mir los war.

Die Sache mit dem Karomuster zum Beispiel war ein Auslöser dafür, dass solche Schubladen plötzlich aufgingen. Oder wenn ich Herzklopfen bekam. Mir schlug ja auch beim Einsatz das Herz bis zum Hals.

Es gab auch andere Auslöser, die mir nicht bewusst waren, da öffneten sich Schubladen ohne erkennbaren Grund für mich. Diese unbewussten Auslöser waren am schlimmsten für mich, weil ich mich nicht beruhigen konnte mit einer Erklärung, warum jetzt die Bilder kommen.

Mir wurde auch erklärt, dass damals so viele intensive Eindrücke auf mich eingeströmt sind, die mein Gehirn gar nicht verarbeiten konnte und es durch diese Reizüberflutung eine Art Kurzschluss gegeben hat. Irgendwelche Synapsen, Schnittstellen im Gehirn die Informationen weiterleiten, sind irreparabel durchgebrannt. Normalerweise sucht sich das Gehirn mit der

Zeit Umleitungen. Ich habe das Gefühl mein Gehirn sucht auch heute noch oder hat schlecht funktionierende Umleitungen gebaut.

Die Posttraumatische Belastungsstörung müsste daher auch korrekterweise Belastungsverarbeitungsstörung heißen, weil man Stresssituationen nicht mehr richtig bewältigen kann.

Wenn mir so ähnlich alles vorher erklärt worden wäre, oder in der Ausbildung thematisiert worden wäre, wäre mir einiges erspart geblieben.

Ich hätte auch eher erkannt, dass ich Symptome entwickelt habe, wäre mir nicht verrückt vorgekommen und hätte früher Hilfe gesucht.

Mit meinem Betreuer habe ich mehrfach Vorträge gehalten bei Einweisungsbeamtenseminaren, in Ausbildungshundertschaften, in der Fachhochschule, bei Fortbildungsveranstaltungen oder Projekttagen. Mir persönlich hat es für die Aufarbeitung nichts gebracht, aber es war ein gutes Gefühl andere zu informieren und konnte mit meinem Erlebten etwas Sinnvolles weitergeben.

Ich habe schon bemerkt, dass es in der Dienststelle nicht gut ankam, dass ich manchmal zu Vorträgen fuhr, schließlich habe ich im normalen Schichtbetrieb gefehlt und es musste jemand auf Dienstausgleich verzichten oder für mich mitarbeiten.

Die Psychologin konnte mir auch eine für mich ganz bedeutende Erklärung für die Tatsache geben, warum ich keine Angst verspürt habe, während des Messerangriffs.

Notwehr – das war für mich vom Verstand her richtig gewesen, meine eigene Gesundheit und mein Leben zu verteidigen. Mir war vom Verstand her in dem Moment klar, dass ich schießen muss. Aber ich habe es nicht so gefühlt, ich habe keine Angst gehabt, ich habe keine Lebensgefahr empfunden. Die Rechtfertigung für mich selbst hat mir gefehlt, die Rechtfertigung für meine Schuld.

Das lag wohl am angeborenen Instinkt, den man nicht beeinflussen kann. In extremen Stresssituationen und unter Lebensgefahr, reagiert der Mensch und auch Tiere mit Angriff, Flucht oder Todstellen. Der Körper schaltet auf einen Notmechanismus um, nur die wichtigsten Funktionen zum Überleben werden noch gesteuert. Man hat keine Bedürfnisse mehr, keinen Hunger, keinen Durst, man muss nicht auf die Toilette. Die Sinneswahrnehmungen sind eingeschränkt, man hat nur noch den Blick aufs Wesentliche, daher auch der Tunnelblick. Alles andere Drumherum ist unwichtig fürs Überleben. Das Gehör schaltet sich ab. Würde nur ablenken. Man hat keine Empfindungen mehr, man spürt nicht ob es heiß ist oder eiskalt oder ob man Schmerzen hat. Oder ob man Angst hat. Ist fürs

Überleben unwichtig, würde nur zur Handlungsunfähigkeit führen oder nötige Reaktionen verlangsamen.

Für diese Erklärung war ich so dankbar. Die Erklärung, warum ich keine Angst, keine Lebensgefahr gespürt habe. Aber wenigstens mein Körper hat die Lebensgefahr wahrgenommen.

Mit der Zeit habe ich mich an die Flashbacks und deren Auslöser gewöhnt. Wegbekommen habe ich sie nie. Aber sie stellen keine große Belastung mehr für mich dar. Mein Verstand hatte eine Erklärung dafür, warum meine Erinnerungen und Gefühle durcheinander sind.

Ich bekam wieder Lebensmut, ich wollte so schnell wie möglich wieder ein normales Leben führen. Nach der standesamtlichen Hochzeit, haben wir im September begonnen, eine Doppelhaushälfte zu bauen. Leider hat der Bauträger im November Insolvenz angemeldet, als gerade mal der Keller fertig war. Wir waren finanziell in Vorleistung getreten. Wir wussten nicht mehr weiter, zurück konnten wir auch nicht mehr. Diese existentielle Angst war eine ganz neue Erfahrung für mich und eine weitere Belastung, die meiner „Genesung" nicht wirklich förderlich war. Nur mit Hilfe unserer Eltern haben wir es in den nächsten Monaten irgendwie geschafft.

Mein Betreuer hat mir immer Bescheid gegeben, wann er Urlaub hatte. Er rief im Dezember an und meinte, er wäre die nächste Zeit nur privat erreichbar, er nimmt sich frei weil seine Frau stirbt.

Mir hat es fast die Sprache verschlagen. Mit meinen Sorgen und Problemchen habe ich den Mann belästigt, während er eine todkranke Frau zuhause hatte.

Ich hätte ihm jetzt so gerne helfen wollen.

Seine Frau hatte genau wie meine Mutter zunächst Brustkrebs bis sich der Krebs weiter ausbreitete. Der Krankheitsverlauf war auch ähnlich. Er hat mich oft nach meiner Mutter gefragt. Und ich hatte keine Ahnung, dass er genau wusste wovon ich sprach.

Und trotz allem war er immer für mich da.

Mein Betreuer. Irgendwie mag ich den Begriff nicht. Betreuer. Vertrauter wäre passender.

2001

Bis Februar dauerte die Therapie.

Privat hatten wir Anzeige gegen die Bauträgerfirma wegen Insolvenzbetrugs erstattet und bemühten uns, den Hausbau zu beenden.

Dienstlich gab es Probleme mit meinem Dienstgruppenleiter. Sie begannen zu dem Zeitpunkt, als ich mit der Therapie anfing. Er sagte einmal, er würde es nicht verstehen, warum ich zum Psychologen rennen würde, wir seien ja bisher auch gut ausgekommen und ich könnte auch mit ihm reden. Er hat es als Niederlage betrachtet, dass er mir nicht helfen konnte und ich mir nicht „von ihm helfen lassen wollte“ und war mir irgendwie beleidigt.

Ich war für ihn wie eine Tochter, was er immer wieder betonte. Irgendwie fühlte er sich wohl verantwortlich für mich und wollte sich um mich kümmern. Immer wieder versuchte er sich in mein Privatleben einzumischen. Mir war das zu viel „Vaterliebe“.

Er hatte schon immer ab und zu launische, depressive Phasen die die ganze Dienstgruppe zu spüren bekam, aber das nahm jeder hin. Man wusste ja, es legt sich wieder, und im Grunde meinte er es ja nur gut mit jedem. Auch seine spitzen Bemerkungen und Beleidigungen, oft auch mit sexuellem Hintergrund, die jeden einmal trafen egal welchen Geschlechts, verzieh man ihm. Letztendlich wollte er nur immer gesagt bekommen, wie unverzichtbar er war, wie wir alle angewiesen waren auf ihn und wie froh wir waren, so einen tollen Dienstgruppenleiter zu haben. Oft legte sich seine launische Phase wieder, wenn wir genau das gesagt haben. Die launische Phase die Anfang 2001 begann, ging nicht vorüber.

Er meckerte nur noch, verglich sich oft mit Jesus, der sich auch für alle aufgeopfert hatte und als Dank dafür doch ans Kreuz genagelt wurde.

Ich war froh, dass ich inzwischen dienstlich sattelfest war und nicht mehr so angewiesen war auf ihn.

Nur wenn es unbedingt sein musste und dienstlich nicht vermeidbar war, sprach er noch mit uns, ich bekam zeitweise zur Dienstübergabe nur noch Notizzettel oder E-Mails von ihm. Wenn er frei hatte oder mal krank war, war es eine Erholung für mich, und ich ging wieder gern in die Arbeit.

Meine Schlafprobleme verschlimmerten sich massiv und der Schichtdienst begünstigte dies noch.

Überall Baustellen. Privat und im Dienst und vor allem in meinem Kopf. Mein Körper hat nur noch irgendwie funktioniert, wie eine Maschine.

Nachdem sich im März schon Kollegen auf andere Dienststellen weg beworben hatten und weitere zum nächsten Wechsel im September aus der Schicht wollten, sah ich keinen Ausweg und wandte mich an den Inspektionsleiter. Die ganze Situation war allen schon bekannt gewesen, auch durch eine Kollegin die im März gegangen war, aber man dachte es legt sich. Ich wollte eine Lösung für die Dienstgruppe haben, mit der auch der Dienstgruppenleiter zurechtkam, immerhin schätzte ich den guten Kern in ihm und er brachte mir ja auch in der Polizei das Laufen bei. Außerdem hatte er sein Fehlverhalten eingeräumt. Er begründete es damit, dass er den Verdacht hatte, Kehlkopfkrebs zu haben.

Das lasse ich jetzt lieber einfach mal so stehen.

Für mich selbst sah ich einen Wechsel zum Drogendezernat als beste Lösung an und hatte schon eine entsprechende Bewerbung geschrieben, da ich in die Führungsqualitäten des Inspektionsleiters kein Vertrauen mehr hatte und keine Unterstützung erwartet habe.

Beim Kommissariat für Rauschgiftdelikte wurde ich „wegen meiner Vorgeschichte" abgelehnt. Ich habe es als unbeschreiblich ungerecht empfunden. Im Dienst habe ich immer mein Bestes gegeben, in meiner Freizeit die Therapie durchgeführt, hatte immer noch keinen einzigen Fehltag wegen des Traumas.

Und trotzdem wurde ich wegen meiner Vorgeschichte abgelehnt.

September 2001

Mein Betreuer erfuhr von meinem Versetzungswunsch, er erreichte eine Versetzung und man nahm mich auf Probe. Im September wechselte ich also zum Drogendezernat, Kommissariat 253.

Privat hatten wir inzwischen kirchlich geheiratet, eine richtig tolle Feier, ich hätte mir keine schönere Hochzeit wünschen können.

Das Haus war fertig und wir waren bereits eingezogen. Die großen Probleme beim Hausbau und in finanzieller Hinsicht hatten uns richtig zusammengeschweißt und wir waren ein tolles Team.

Die neue Dienststelle war 21 Hausnummern weiter in der gleichen Straße, in der die Schießerei stattgefunden hatte. Sicher wäre es mir lieber gewesen, wenn die Dienststelle einen anderen Standort gehabt hätte, aber es machte mir inzwischen nicht mehr wirklich was aus.

Ich hatte das Gefühl, ich war wieder Anfänger, die kriminalpolizeiliche Endsachbearbeitung unterschied sich wesentlich von meiner bisherigen Tätigkeit bei der Schutzpolizei, und von Drogen hatte ich auch nicht viel Ahnung.

Operative Einsätze hatte ich auch noch nie mitgemacht, und der Umgang mit Drogensüchtigen war mehr als gewöhnungsbedürftig.

Aber ich fühlte mich dort wohl, und empfand alles als spannende Herausforderung.

November 2001

Mitte November erzählte mir meine Mutter am Telefon unter Tränen, dass bei ihr eventuell in der Lunge auch noch Metastasen entdeckt wurden und sie weitere Untersuchungen über sich ergehen lassen muss. Aus einem Gefühl heraus, habe ich sie gefragt, ob sie Selbstmordgedanken hat. Noch nie habe ich irgendwie dieses Thema angesprochen, ich weiß nicht warum jetzt. Und noch dazu am Telefon.

Sie gab zu, dass sie schon vor einiger Zeit mal an Selbstmord gedacht hat, aber sie hätte nicht gewusst wie sie es machen soll. Sie hätte Angst gehabt, es klappt nicht richtig und sie sei dann querschnittgelähmt wenn sie irgendwo runterspringt oder nur die Beine werden abgetrennt wenn sie sich vor einen Zug fallen lässt.

Daher sei das kein Thema.

Sie hat dann halb weinend halb lachend einen Witz erzählt und mal wieder versehentlich die Pointe vorher verraten, worüber wir beide am meisten lachen mussten. Ich war beruhigt, dass sie noch so viel Kraft hatte um noch Witze zu erzählen.

Am nächsten Tag spielte ich im Dienstsport bei einem Fußballturnier gegen eine Mannschaft der Drogenfahnder vom Landeskriminalamt mit, als mir der Dezernatsleiter sein Handy übergab. Anruf für mich. Mein Betreuer war dran und meinte ich soll mich setzen.

Meine Mutter lag nach einem Suizidversuch auf der Intensivstation.

Ich bin daran schuld, war mein erster Gedanke. Am Vortag habe ich meine Mutter mit meiner Nachfrage – am Telefon – auf die Idee gebracht sich doch umzubringen.

Irgendwie hat ihr ausgezehrter Körper mehr als 200 Tabletten überstanden. Sie hatte über Jahre verschriebene Schlaf- und Schmerzmittel gesammelt. Zum Teil waren die Medikamente abgelaufen, zum Teil haben sie sich in ihrer Wirkung wohl gegenseitig aufgehoben.

Die Ärzte sprachen von Bilanzsuizid, es war nicht mehr aufzuhalten, dass sie an ihrer Krankheit stirbt und das wusste sie. Eine Ärztin meinte zu mir, warum ich meiner Mutter nicht das Recht gewähren würde sich selbst umzubringen. Mit dieser Aussage konnte ich nichts anfangen.

Ich habe dann zumindest kapiert, dass meine Mutter sterben wird. Bis dahin hatte ich immer noch die Hoffnung, sie schafft es und jeden Gedanken an ihren möglichen Tod weit weggedrängt.

Meine Mutter hatte sich sowieso umbringen wollen, nur für den Zeitpunkt war ich ursächlich. Sie hatte Angst, dass man, jetzt da sie schon konkret von mir auf Selbstmord angesprochen wurde, vielleicht ihre Tablettensammlung finden und man sie daran hindern könnte.

Ich habe ihr gesagt, dass ich froh bin, dass sie noch lebt, auch weil ich mir ohne ihre Erklärung, dass sie ihren Selbstmord schon seit langem geplant hatte, sonst ewig Vorwürfe gemacht hätte und mich so jetzt noch von ihr verabschieden kann.

In dieser Zeit musste ich auch wieder vermehrt an die Schießerei denken, es lag bestimmt am Jahrestag der sich wiederholte.

Dezember

Zum 1. Dezember 2001 wurde ich zur Kriminaloberkommissarin befördert. Diese Beförderung ist eine so genannte Regelbeförderung, die man automatisch drei Jahre nach Ernennung zum Kommissar erhält.

Als ich die Beförderungsurkunde erhielt, wunderte sich der Direktionsleiter, dass ich mich doch ganz gut eingelebt hätte beim Rauschgift, weil die Materie doch nicht jedem liegen würde. Und das, trotz meiner Vorgeschichte. Denn wenn es nach ihm gegangen wäre, wäre ich nicht beim Rauschgift gelandet. Er hätte verhindern wollen, dass ich überhaupt in seine Direktion komme, aber er sei völlig übergangen worden. Wenn überhaupt, dann hätte er es mit mir innerhalb seiner Direktion probeweise höchstens beim Wirtschaftsbetrug versucht, aber auf keinen Fall beim Rauschgift.

11. Dezember 2001

Am 11. Dezember war ein Scheinkauf mit anschließender Festnahme geplant.

Ein verdeckter Ermittler sollte eine größere Menge Rauschgift aufkaufen und nach Warenübergabe und Bezahlung der Täter festgenommen werden.

Die Übergabe sollte im Bereich eines S-Bahnhofs stattfinden. Wir waren mit mehreren Teams im Einsatz, und wurden um den Übergabeort verteilt.

Über den Täter wusste man nichts, nur, dass er eventuell in einem angrenzenden Wohnblock wohnen könnte.

Mit meinem Partner stand ich im Bereich des möglichen Wohnorts. Über verdeckten Funk verfolgten wir den Einsatz. Mein Funkgerät hatte plötzlich einen Kurzschluss und schaltete auf Außenlautsprecher um, so, dass die ganze Umgebung mithören konnte. Ich musste es ausschalten. Hilft alles nichts, der Einsatz geht auch ohne Funk weiter.

Mein Kollege gab mir wichtige Sachen weiter, so auch die Beschreibung des Täters.

Der Kauf war planmäßig verlaufen und das Stichwort zur Festnahme gefallen.

Plötzlich hörten wir einen Schuss aus Richtung Bahnhof. Mein Kollege wusste auch nicht, was passiert war. Über Funk kam wohl nur die Meldung durch, dass irgendwer geschossen hatte.

Wir gingen in Richtung Bahnhof und kamen an eine Straße. Direkt mir gegenüber auf der anderen Straßenseite erkannte ich in einem Vorgarten den Täter. Er sprang über den Gartenzaun und lief geradewegs auf mich zu. Es hat mich überrascht, dass er direkt in meine Richtung lief. Entweder hatte er in mir wohl keine Zivilpolizistin vermutet und wollte auf direktem Weg über die Straße, oder er dachte, ich sei das schwächste Glied, bei dem er eine Chance zur Flucht hatte.

Ich lief auf den Täter zu und wollte die Straße überqueren, sah aber noch rechtzeitig das Auto von rechts kommen. Der Täter sah das Auto nicht. Er wurde frontal erfasst, prallte gegen die Windschutzscheibe und wurde seitlich weggeschleudert, ich sah beide Schuhe in hohem Bogen wegfliegen.

Da war mir klar, er muss schwer verletzt sein. Für mich war es so eine Art polizeiliche Faustregel, wenn bei einem Verkehrsunfall die Unfallopfer ihre Schuhe verlieren, dann sind sie schwer verletzt. Hat sich bei mir so eingeprägt, ich kann es auch nicht erklären.

Der Dealer kam auf der Straße zum liegen, rappelte sich in den Kniestand auf und versuchte aufzustehen. Ich kniete neben ihm und packte mit beiden Händen fest seinen Oberarm.

Täter oder Unfallopfer? Ich wusste nicht, ob ich ihn jetzt festnehmen oder festhalten und stützen sollte.

Auf meine Frage hin, ob er irgendwo Schmerzen hat, nuschelte er nur unverständliches Zeug. Er hatte leichtes Nasenbluten, sonst konnte ich nichts feststellen.

Aber er müsste doch schwer verletzt sein. Die Schuhe sind doch weggeflogen.

Dann fiel mir der Schuss wieder ein. Was ist, wenn er geschossen hat und noch bewaffnet ist? Ich wusste nicht recht, was ich mit dem vermeintlich schwer verletzten, eventuell bewaffneten Täter anfangen sollte, der sich aus meinem Griff lösen wollte aber irgendwie keine Kraft hatte, der aufstehen wollte aber dem irgendwie die Beine versagten. Hilflos hing ich an seinem Oberarm.

Ein Kollege kam auf uns zu, packte den anderen Arm. Er drehte dem Täter den Arm auf den Rücken und ich tat dasselbe, so wie man es gelernt hat, x-mal trainiert, irgendwie schon automatisch. Kreuzfesselgriff, Kopf nach unten, runter auf den Boden, ich kniete mich auf seinen Nacken und Rücken bis die Handschellen dran waren.

Ich musste ans Einsatztraining denken. Immer hatte ich Hemmungen mich noch auf den unten Liegenden zu knien, der Trainer meinte mal zu mir, um es mir leichter zu machen, ich soll mir nicht die Hose schmutzig machen und daneben im Dreck knien sondern auf dem Täter.

Meine Hose war aber schon schmutzig. Und trotzdem habe ich auf dem Mann gekniet.

Inzwischen standen mehrere Kollegen um uns herum. Der Mann am Boden leistete keine Gegenwehr.

Als zwei Kollegen seine Kleidung absuchten und aus einer Hosentasche Geldbündel vom Scheinkauf herauszogen, begann der Mann mit merkwürdigen lauten Schnarchgeräuschen. Die Handschellen wurden gelöst und er in die stabile Seitenlage gebracht. Aber es war zu spät.

Ich konnte auch keinen Puls mehr fühlen. Die Kollegen begannen mit Wiederbelebungsmaßnahmen.

Irgendwie stand ich neben mir und brauchte einen Moment bis ich mich gefangen hatte.

Ich erzählte von dem Autounfall. Der Kollege der mit mir den Mann gefesselt hat, hat gar nichts vom Unfall mitbekommen, und sonst wohl auch niemand. Er hatte den Eindruck ich würde mit dem Mann am Boden kämpfen.

Weiter vorne stand der Unfallwagen, der Fahrer stand unter Schock.

Ich hatte das Gefühl, meine Knie geben jeden Moment nach.

Der eintreffende Notarzt setzte die Wiederbelebungsmaßnahmen der Kollegen im Rettungswagen fort, aber ohne Erfolg. Er erklärte später, dass diese Schnarchgeräusche eine Art Reflex bei Todeseintritt waren, als die Atmung ausgesetzt hat.

Der Einsatzleiter war inzwischen eingetroffen, in seinem Wagen saß der Kollege der geschossen hatte. Nach Geldübergang wollte sein Team den Täter festnehmen, was nicht gelang. Bei der Verfolgung des flüchtenden Täters gab der Kollege einen Warnschuss in die Luft ab.

Auf der Dienststelle musste ich viermal meine Stellungnahme ändern, bis mein Vorgesetzter sie angenommen hat. Angeblich zu meinem eigenen Schutz.

Mein Kommissariatsleiter meinte, kaum bist du da, gibt's den ersten Toten.

Das hatte richtig gesessen. Auch wenn er es vielleicht ganz locker so dahin gesagt hatte.

Noch nie hatte es seit Bestehen des Drogendezernats bei einem Einsatz einen Todesfall gegeben, bis jetzt. Bis ich kam.

Der Einsatz lief noch weiter, ein möglicher Mittäter wurde gesucht und die Identität des Toten stand nicht fest. Ich sollte nach Fertigstellung meines Einsatzberichtes noch mal ausrücken für eine Wohnungsdurchsuchung des Täters.

Ich hab mich dazu nicht in der Lage gefühlt, ich war froh, dass Kollegen für mich eingesprungen sind.

Irgendwie wusste ich nicht, ob ich am Tod des Täters Mitschuld hatte. Die anderen wohl auch nicht.

Irgendwie kam mir alles so bekannt vor.

In den nächsten Tagen hatte ich oft das Bild vor Augen, wie der Täter von dem Auto erfasst wird, wie seine Schuhe durch die Luft fliegen.

Ich musste an den Moment seines Todes denken, wie er gefesselt auf dem Bauch daliegt, ohne Schuhe, und Kollegen durchsuchen ihn. Ob er das noch mitbekommen hat?

Ständig bin ich den Einsatz durchgegangen, was ich anders hätte machen können.

Vorwürfe habe ich mir gemacht, weil wir den Mann gefesselt haben. Immerhin habe ja zumindest ich den Unfall beobachtet, und ich wusste doch, er muss schwer verletzt sein. Wegen der fliegenden Schuhe.

Und weil ich auch noch auf seinem Rücken draufgekniet bin, weil mir einfiel, ich soll meine Hose nicht schmutzig machen. Obwohl ich ja schon schmutzig war. Das Schlagwort „Lagebedingter Erstickungstod" geisterte in meinem Kopf herum. Wenn man jemand auf diese Weise fesselt, muss man seine Atmung beobachten. Schon das eigene Gewicht des Gefesselten kann in der Bauchlage ausreichen, dass die Atmung behindert wird. Und ich bin ja auch noch draufgekniet. Aber eigentlich ja nur kurz, und so schwer bin ich ja auch nicht.

Eine junge Kollegin hatte mich noch am Einsatzort richtig angekeift, warum wir den Täter denn noch gefesselt hätten. Sie hat sich später entschuldigt für den Tonfall. Aber letztendlich hat sie nur ausgesprochen was sich viele dachten.

Am Unfall selbst traf mich keine Schuld, das war mir klar, ich hätte ihn nicht warnen können, ich hab das Auto ja selber im letzten Moment erst gesehen und wäre selbst fast vors Auto gelaufen.

Drei quälende Tage bis zum Obduktionsergebnis.

Der Mann erlitt bei dem Unfall einen Herzkammerriss.

War für mich unbefriedigend. Keiner machte mir jetzt offiziell einen Vorwurf, jeder war wohl erleichtert über das Ergebnis, aber ich konnte mit der Diagnose nicht wirklich was anfangen, Details dazu konnte ich auch nicht in Erfahrung bringen.

Ich war überzeugt, wenn wir ihn nicht gefesselt hätten, hätte er vielleicht überlebt.

Konnte ja nicht gesund sein, wenn man jemand mit Herzkammernriss noch auf dem Bauch liegend fesselt und sich zusätzlich auf seinen Rücken kniet.

Erst Jahre später erklärte mir eine Ärztin, für den Mann wäre jede Hilfe zu spät gekommen. Selbst eine sofortige Notoperation an Ort und Stelle hätte ihn nicht mehr retten können. Es hatte nach dem Unfall noch ein paar Sekunden gedauert, bis das Herz nach dem Kammerriss seine Tätigkeit nicht mehr ausüben konnte, und dann war es aus.

Meine Batterien waren leer, ich lief auf Reserve, mein Körper hat auf Notstromversorgung geschaltet. In meiner Freizeit habe ich oft geheult, im Dienst ging es meistens irgendwie. Mein Magen hat rebelliert, ich bekam eine Refluxösophagitis, mir kam oft Magensaft hoch, was sehr unangenehm war in vielen Situationen und ich hatte ständig Sodbrennen, mit Medikamenten und Ernährungsumstellung bekam ich es in den Griff.

Ich war ständig müde, ich konnte nicht schlafen, im Kopf drehte sich ein Gedankenkarussell um den Unfall, die Schießerei, den Suizidversuch und bevorstehenden Tod meiner Mutter. Tod. Überall nur Tod.

In der Arbeit habe ich einen Druck gespürt. Wir haben's ja gleich gewusst. Die ist nicht mehr belastbar. Die hätte überhaupt nicht zum Rauschgift kommen dürfen. Bei der Vorgeschichte. Gesagt hatte noch keiner was, aber die Blicke waren unmissverständlich. Nonverbale Kommunikation.

Ich übernahm mehr Wochenend-, Feiertags- und Nachtdienste als nötig, ich wollte mir nichts nachsagen lassen. Daheim hätte ich eh nur ständig gegen Tränen gekämpft und mich zurückgezogen.

Meinen Dienst habe ich auch wenn möglich so gelegt, dass ich arbeiten musste, wenn mein Mann frei hatte. In seiner Gegenwart habe ich mich nicht mehr wohl gefühlt. Er hatte sich im Laufe der Zeit immer mehr als Hobbypsychologe versucht und wollte mein Verhalten und meine Reaktionen analysieren.

Wenn ich weinen musste, hakte er nach, was jetzt genau der Anlass dafür war, anstatt mich einfach in den Arm zu nehmen und mich ausheulen zu lassen.

Oder er fragte nach was mir jetzt helfen würde, und gab sich erst zufrieden als ich ihm irgendeine Antwort geliefert habe, ich wusste ja auch nicht, was mir helfen würde.

Wenn ich ihm von meinen Problemen erzählen wollte, fiel er mir oft ins Wort bevor ich überhaupt zum eigentlichen Punkt gekommen bin, und hat bereits analysiert und Lösungen vorgeschlagen, völlig am Thema vorbei.

Ich denke, er hätte von mir am liebsten eine Art Checkliste oder Bedienungsanleitung für mich haben wollen, was er tun soll wenn ich länger als fünf Minuten heule, oder länger als eine Stunde, oder die dritte Nacht wach gelegen habe. Er hat es einfach viel zu gut gemeint und das Gegenteil erreicht, nämlich, dass ich mich zurückgezogen habe, weil er eine zusätzliche Belastung für mich geworden war.

Nach dem Unfall hatte ich mit dem Zentralen Psychologischen Dienst Kontakt aufgenommen. Ich habe um eine Art Nachbesprechung gebeten, ähnlich wie nach der Schießerei. Von Seiten der Führung kam nichts, auch nicht auf meine Nachfrage, und ich dachte ich muss jetzt aktiv werden.

Großer Fehler. Ganz großer Fehler.

Als er von der geplanten Nachbesprechung erfuhr, wurde mein Kommissariatsleiter laut.

Spinnst denn du? Vom Psychologischen Dienst kommt mir keiner ins Haus, haben wir hier noch nie nötig gehabt. Was mir denn einfällt. Und noch dazu hinter seinem Rücken beim Psychologischen Dienst anzurufen.

Die Nachbesprechung beim ZPD fand trotzdem statt. Ich habe an die Einsatztafel im Besprechungsraum Zeit und Ort aufgeschrieben, für alle Interessierten. Kam beim Kommissariatsleiter auch nicht gut an. Habe ich schon erwähnt, dass ich einen sturen Dickschädel haben kann?

Mit weiteren fünf Kollegen bin ich zum ZPD gefahren. Der K-Leiter war wohl überrascht, ich aber auch, dass doch weitere Kollegen Interesse an einer Nachbesprechung hatten und noch dazu den Mut aufgebracht haben, mitzufahren.

In der Folgezeit traf ich mich noch zwei oder dreimal mit einem Psychologen vom ZPD. Der riet mir gegen meine Schlafstörungen jede Stunde einen Wecker zu stellen. Einschlafen konnte ich immer ganz gut, aber nicht lange. Er meinte ich würde so vielleicht insgesamt mehr Schlaf bekommen.

Ich hab es nicht ausprobiert.

Einige Zeit später gab er mir den Rat, dass ich freiwillig Teilzeit arbeiten sollte. Ich dachte zuerst ich habe mich verhört, aber nein. Ja wie jetzt? Halb so viel Arbeit, halb so viel Probleme? Tolle Lösung. Wohl die einfachste Lösung. Für ihn und für meine Vorgesetzten. Abgesehen davon, dass es finanziell gar nicht machbar gewesen wäre, hätte es an meinen Problemen gar nichts geändert, und meine Probleme wären auch mit Sicherheit nicht halbiert worden.

Der Mann war für mich unten durch.

So was kann sich meiner Meinung nach ein Psychologe nicht leisten, der später eine Doktorarbeit veröffentlicht. Zum Thema Posttraumatische Belastungsstörungen bei Polizeibeamten. In der Einführung zur Doktorarbeit waren Beispiele seiner Beratungsfälle aufgeführt. In stark abgewandelter aber unverkennbarer Form war der Unfall mit dem Dealer aufgeführt. Eine tolle Beratung.

2002

Zum 1. März wurde ich innerhalb des Rauschgiftdezernats versetzt zum Kommissariat 254, Beschaffungskriminalität.

Dort gab es keine operativen Einsätze und für mich war es wie eine Strafversetzung in den Innendienst.

Der Kommissariatsleiter begründete die Versetzung mit seiner Fürsorgepflicht, man wollte mir keine Einsätze mehr zumuten, und auch wenn meine Mutter jetzt stirbt, hätte ich es im Dienst ruhiger.

Und ich soll froh sein, man hätte mich jetzt auch ganz woanders hinversetzen können.

Vielen Dank.

Von Kollegen wurde ich immer wieder gefragt, warum ich denn keine Einsätze mehr fahren will. Ich verstand es nicht richtig, bis ich dahinter kam, dass mein Kommissariatsleiter meine Versetzung vor allen anderen damit begründet hat, dass ich selbst keine Einsätze mehr fahren wollte und um die Versetzung gebeten habe. Das hat sich schnell herumgesprochen.

Ich habe ihn gebeten, das richtig zu stellen, er sah keine Veranlassung dazu.

So oft es ging, habe ich im anderen Kommissariat bei Einsätzen ausgeholfen. Ich wollte wieder auf die Straße, reine Ermittlungsarbeit am Schreibtisch war wie eine Strafe für mich.

Man konnte mir das nicht verbieten, solange meine eigentliche Arbeit nicht auf der Strecke blieb.

Am 24. Mai verstarb meine Mutter.

Drei Wochen vorher teilte uns ihre Ärztin mit, dass sie unserer Mutter noch drei Wochen gibt, und auf den Tag genau hatte sie Recht.

Meine Mutter meinte, sie wäre froh gewesen wenn der Suizidversuch geklappt hätte, weil ihr doch noch einiges erspart geblieben wäre in den letzten Monaten. Irgendein Teil in mir hat das genauso gesehen.

Eine Woche vor ihrem Tod, war ich bei meinen Eltern zu Besuch, mein Vater war fix und fertig und meine Mutter lag mit verdrehten Augen im Bett. Mein Vater hatte die Medikamentendosis verwechselt und ihr versehentlich ein Vielfaches an Morphium verabreicht. Wir verbrachten sie ins Sterbehospiz, wie es vereinbart war.

Meine Mutter hatte alles schon geregelt. Mit meinem Vater hatte sie noch einen Anzug für die Beerdigung gekauft, hatte Wirtschaften mit ihm ausgetestet für den Leichenschmaus, und mir erklärt wie ich ein teures Wildseiden-Dirndl von ihr, das sie noch nie getragen hatte, auf meine Größe abändern soll.

Das Sterben meiner Mutter hat sich über Stunden hingezogen. Sie hatte währenddessen eine laute Schnappatmung, hat mich an die Atemgeräusche des sterbenden Dealers erinnert.

Als ich mit ihr alleine im Zimmer war, hätte ich ihr beinahe eine Überdosis Morphium eingeflösst, die ich in ihrer Handtasche entdeckt hatte. Um ihr Leiden zu verkürzen. Wäre nicht aufgefallen.

Egoistische Gründe hielten mich doch noch ab, ich dachte, ich könnte vielleicht nicht damit weiterleben.

Mein Vater hat gehofft sie stirbt noch vor Mitternacht. Am 25. Mai war ihr Hochzeitstag. Er stand am Sterbebett, zählte die endlos langen Sekunden zwischen ihren einzelnen Atemzügen mit und murmelte: „Stirb bitte nicht am Hochzeitstag, das kannst du mir nicht antun, den Gefallen musst du mir noch tun, bitte nicht an unserem Hochzeitstag."

Es wurde knapp, aber den „Gefallen" tat sie ihm noch. Eine Stunde vor Mitternacht verstarb sie.

Ich wollte meine tote Mutter noch mal sehen. Mein Vater und meine Schwester kamen auch mit. Inzwischen war ihr Körper tiefgefroren und extrem verfärbt. Das war nicht mehr meine Mutter.

Mir fiel meine erste Leiche wieder ein und musste und an das Kriseninterventionsteam denken, die die Freundin des Toten gegen ihren Willen zur Leiche gezerrt hatten. Ich verstand schon warum, damit man eben begreift, dass das nur noch eine leblose Hülle ist und besser loslassen kann.

Mir hat es geholfen, und ich wollte auch, dass meine Schwester noch mal zu unserer toten Mutter hingeht und sie berührt. Ich habe sie nicht gezerrt, ich hoffe sie hat es auch nicht so empfunden.

Das Bild meiner toten Mutter habe ich heute noch oft vor Augen.

Bei der Urnenbeisetzung brachte ein Friedhofsangestellter die Urne mit der Asche meiner Mutter. Als ich ihn sah, und sein Namensschild las, war ich schon gar nicht mehr richtig überrascht.

Ich wusste, dass der Vater eines Dealers, gegen den aktuell Ermittlungen liefen, in diesem Friedhof arbeitete und ob der Vater ebenfalls mit Drogengeschäften zu tun hatte, war nicht ganz klar. Bei meinem Glück hatte ich schon fast damit gerechnet, dass ausgerechnet er es war.

Zu meiner Schwester meinte ich, es wäre doch schöner, wenn sie die Urne zum Grab tragen würde, als irgend so ein Fremder. Sie sah es genau so und ist auch nicht gestolpert.

Ich kam nicht über den Tod meiner Mutter hinweg. Und irgendwie habe ich ihren Tod mit dem der erschossenen Brüder und des Dealers verknüpft.

Zum Beispiel sah ich im Traum meine Mutter in den Himmel kommen, wo die drei Toten schon auf sie gewartet hatten und sich an ihr für meine Taten rächten. Oder, dass man sie erst gar nicht eingelassen hat in den Himmel wegen mir.

Ich bin gar nicht religiös und an den Himmel glaub ich auch nicht.

Aber meine Mutter hat daran geglaubt.

Richtig begründen kann ich es nicht, aber ich habe mich auch noch für den Tod meiner Mutter verantwortlich gefühlt. Ich hatte gefühlsmäßig vier Tote auf dem Gewissen.

Vielleicht hatte ich Schuldgefühle, weil ich ihr zuletzt dieses Morphium geben wollte, oder dachte ich sei doch schuld am Selbstmordversuch, dadurch ist ihr Körper so geschwächt worden, dass sie den Kampf gegen den Krebs verloren hat.

Wie gesagt, alles irgendwie unlogisch, war mir auch klar, aber mein Gefühl ging nicht weg.

Mich hat es innerlich zerrissen, wenn ich andere Mädchen oder junge Frauen mit ihren Müttern gesehen habe, beim Einkaufen, im Cafe sitzend, mir wurde klar das gibt's für mich nicht mehr.

Ich bin gar nicht mehr Einkaufen gegangen.

Wenn ich irgendwo Sonnenblumen, die Lieblingsblumen meiner Mutter, gesehen habe, haben sich Erinnerungen an meine Mutter aufgedrängt, wie sie im Sterben lag.

Genauso bei Glaswindlichtern. In dem Sterbehospiz wurde, wenn jemand verstorben war, dessen Nachttisch vors Zimmer geschoben und ein Glaswindlicht darauf angezündet. Jedes Mal wenn ich meine Mutter besucht habe, hatte ich Angst, dass ein Licht vor ihrer Tür brennt.

Irgendwie wellenartig haben mich meine Gefühle überwältigt. Es ging ein paar Tage gut, dann kamen wieder ein oder zwei Tage eine Krise und immer öfter Selbstmordgedanken. Dann ging es wieder bis zum nächsten Schub.

Ich war soweit, ich brauchte wieder Hilfe.

In der Trauma-Ambulanz der Ludwig-Maximilians-Universität, in der ich ja zur ersten Therapie war, hat man mich auf andere Einrichtungen verwiesen. Mein Fall sei inzwischen zu komplex und außerdem bereits eine Therapie durchgeführt worden. Somit war ich kein „Frischling“ mehr und nicht mehr für Forschungszwecke geeignet.

Mir ist mein Gynäkologe eingefallen. Ich dachte mir, der hat doch bestimmt in seiner Praxis auch vergewaltigte Frauen behandelt und kann mir vielleicht einen Psychotherapeuten empfehlen.

Tatsächlich.

In meinen persönlichen Top Ten der schlimmsten Psychologen steht der immer noch ganz oben.

Er meinte, ich hätte neben der Posttraumatischen Belastungsstörung eine Stoffwechselstörung im Gehirn, eine endogene Depression, die man nur mit Medikamenten in den Griff bekommt und verwies mich an einen Psychiater und Neurologen.

Eine Stoffwechselstörung konnte der nicht feststellen, verschrieb mir aber versuchsweise Antidepressiva und empfahl mir, wieder eine Therapie zu machen.

Ich ging dann wieder zu dem Psychotherapeuten, aber der war mir unsympathisch.

In meiner Verzweiflung habe ich mich doch wieder an den Zentralen Psychologischen Dienst gewandt, der mir zu einem stationären Aufenthalt in einer Klinik geraten hat, damit unter längerer Beobachtung abgeklärt werden kann, was denn jetzt eigentlich los ist mit mir.

September 2002

Anfang September kam ich in die psychosomatische Klinik in Windach am Ammersee. Bis dahin wusste ich gar nicht, wie schlecht es mir wirklich ging, dort hat mich alles eingeholt. Plötzlich musste ich mich ausschließlich mit mir selbst beschäftigen, damit kam ich überhaupt nicht klar. Kein Dienst, kein Haushalt, mit dem ich mich hätte ablenken können. Keine Nebenkriegsschauplätze mehr die ich eröffnen konnte, damit ich mich ja nicht mit mir selbst beschäftigen muss.

Nach ersten Gesprächen entschieden die Ärzte, dass ich erst mal stabil werden müsse bevor überhaupt eine Trauma-Therapie begonnen werden kann.

Dazu sollte ich erst den Tod meiner Mutter verarbeiten. Man hat mir erklärt, dass ich eine pathogene, also eine krankhafte, gestörte Trauer entwickelt habe, da ich den Tod meiner Mutter mit den anderen Ereignissen verknüpft hätte.

Zudem hätte ich als Trauerreaktion eine Art PTSD-Symptomatik, wie bei einer Posttraumatischen Belastungsstörung üblich entwickelt, da ich bei bestimmten Auslösern Bildfetzen meiner toten Mutter gesehen habe, beziehungsweise ein dafür typisches Vermeidungsverhalten entwickelt habe, da ich Unternehmungen vermieden habe, die auch Mütter mit ihren Töchtern gern machen.

Diese Trauerarbeit hat mir sehr geholfen, ich konnte mich auch wieder an schöne Dinge mit meiner Mutter erinnern ohne nur an Leid und Tod zu denken. Die Einzelgespräche mit der Psychologin haben mir was gebracht, fanden aber nur zweimal in der Woche statt. Der Rest war für mich Horror. Die Klinikatmosphäre, mit diesen anderen psychisch Kranken dreimal täglich essen zu müssen, diese unmöglichen Gruppentherapien. Sonst hatte keiner eine Posttraumatische Belastungsstörung. Ich kam mir vor wie ein Außenseiter. Einmal hab ich was erzählt von mir, da bekam eine Frau beinah eine Panikattacke. Mir wurde gesagt, dass meine Problematik wohl eher etwas für die Einzeltherapiestunde sei und nicht für die Gruppentherapie.

Ein anderer hatte richtig Probleme, weil sein Nachbar zu oft seinen Rasen gemäht hat und er hatte sich ständig genötigt gefühlt, auch Rasen mähen zu müssen. Eine Kindergärtnerin litt an einer Aufmerksamkeitsdefizitstörung und hat ihren Job verloren, weil sie ständig Kinder irgendwo vergessen hatte. Eine andere war umgezogen und konnte sich nicht entscheiden, wo sie ihre Bilder aufhängen sollte und litt an ihrer mangelnden Entscheidungsfähigkeit.

Ich konnte das schon irgendwie alles nachvollziehen, hab mich aber vollkommen fehl am Platz gefühlt.

Nach einigen Wochen Trauerarbeit begann die Psychologin, mit mir über die Einsätze zu reden, ich erkannte für mich überhaupt keinen Fortschritt, obwohl ich schon zwei Monate in der Klinik war.

Als ich dann noch einen Tinnitus bekam, war das für mich das Zeichen zum Abbruch der Therapie.

Die Ärztin kam mir entgegen und entließ mich „offiziell“, weil sie Schwierigkeiten für mich befürchtete, wenn bekannt geworden wäre, dass ich einfach abgebrochen habe.

Die Frage was mich überhaupt noch bei der Polizei hält, konnte ich damals noch beantworten.

Ich wurde auf unbestimmte Zeit krankgeschrieben.

Während des Klinikaufenthalts wurde ich 27 und die Ernennung zur Beamtin auf Lebenszeit war diskutiert worden, aber letztendlich bekam ich die Urkunde.

Nach dem Klinikaufenthalt machte ich mich im November auf die Suche nach einem neuen Therapeuten. Wieder alles von vorne erzählen. Ich hatte es so satt.

Man kann sich ja nicht einfach mit einem Röntgenbild wie bei einem Beinbruch bei einem Arzt vorstellen, ein Blick, und der weiß was zu tun ist.

Mittlerweile hatte ich genügend Arztberichte und Stellungnahmen, aber das hat nur am Rande interessiert. Alle wollten sich immer selbst ein Bild von meinem Zustand machen.

Ich wurde dann an eine andere Therapeutin weitergereicht, die zeitlich Luft hatte, um mit mir gleich eine Therapie zu beginnen.

Sie saß mir bei den Gesprächen gegenüber, hatte die Schuhe ausgezogen und sich schneidersitzartig in ihren

Stuhl gekauert und sich an einer Riesen-Jumbo-Teetasse festgeklammert.

Und auch sonst hatte ich den Eindruck, dass sie, wie man ja Psychologen oft unterstellt, selbst „einen an der Klatsche“ hatte.

Im Februar war ich zuletzt bei ihr, ich hatte kein Vertrauen in ihre fachliche Kompetenz.

Ich hatte das Gefühl, dass mir daheim die Decke auf den Kopf fällt, und beschloss wieder zur Ablenkung arbeiten zu gehen.

Bei einem Telefonat mit meinem Betreuer stellte sich heraus, dass man in der Kriminaldirektion schon zu Beginn des Klinikaufenthalts beschlossen hatte, dass ich nicht mehr zurückkommen kann zum Rauschgiftdezernat. Wurde wohl vergessen, mir das zu sagen.

Mein Betreuer war schon vor einiger Zeit in eine andere Direktion gewechselt. Er schlug mir vor, dass ich in seiner Direktion bei der Kriminalpolizeiinspektion anfangen sollte. Ich stimmte zu, es war für mich eine Notlösung, um nicht unter die Räder der Bürokratiemühle zu kommen und irgendwohin abgeschoben zu werden.

Für mich war zu diesem Zeitpunkt klar, dass ich beruflich keinerlei Perspektiven mehr hatte.

Spätestens jetzt hatte ich einen dicken roten Stempelaufdruck „Psycho“ auf der Stirn.

Fasching 2003

Am Donnerstag vor Fasching, an Weiberfasching, räumte ich mein Büro beim Rauschgiftkommissariat aus und stellte fest, dass meine Waffe nicht im Stahlfach lag. Auf Nachfrage hatte man mir erklärt, die sei zur Revision in der Waffenkammer.

Meine Waffe habe ich nie wieder bekommen, verständlicherweise.

An diesem Faschingswochenende hatte ich wohl so was wie einen Nervenzusammenbruch. Jetzt hatte ich überhaupt keine Zukunftsperspektive mehr, weder beruflich, noch privat.

Meine Ehe war am Ende. Als ich meinen Mann nach der Schießerei kennen gelernt hatte, herrschte bei mir ein Gefühlschaos. Er gab mir irgendwie Halt und Geborgenheit, und ein Stück Normalität zurück, und er lenkte mich prima von all den dienstlichen Problemen ab.

Für mich war er wie eine Art großer Bruder, aber nicht mehr. Aber das war mir erst in letzter Zeit klar geworden. Wir haben darüber gesprochen, auch über die Trennung; er sagte mir später, dass er mich aber nie ernst genommen hat.

Ich konnte mir einfach nicht vorstellen, vielleicht einmal eine Familie zu gründen und Kinder zu bekommen von einem Mann, den ich nicht wirklich liebe. Abgesehen davon habe ich es mir auch nicht zugetraut,

Kinder großziehen zu können. Wenn ich nicht einmal mit mir selbst zurecht komme, wie kann man denn dann Verantwortung für Kinder übernehmen? Ich habe mich dem Erziehungsstress überhaupt nicht gewachsen gefühlt.

Mein Mann war übers Wochenende in Norddeutschland bei seiner Verwandtschaft auf Krankenbesuch, und ich wollte ihm am Sonntagabend bei seiner Rückkehr sagen, dass ich mich von ihm trennen will.

Ich nahm am Samstagabend und Sonntagmorgen starke Beruhigungsmittel, die mir für Notsituationen verschrieben worden waren. Bis dahin hatte ich noch nie so starke Medikamente genommen und kannte die Wirkung auf mich nicht.

Doch anstatt ruhiger zu werden, verschlimmerten die meinen Zustand irgendwie. Paradoxe Reaktion nannten das die Ärzte, kann vorkommen.

An den Sonntag habe ich keine Erinnerung mehr, das letzte was ich weiß ist, dass ich noch gebügelt habe. Durch die Tabletten war wohl mein Verstand ausgeschaltet worden und mein Unterbewusstsein beschloss meinen Selbstmord.

Mein Mann kam früher als geplant heim und fand mich. Ich hatte alle Tabletten mit Alkohol genommen und Schnittwunden an den Armen. Während des Schreibens meines Abschiedsbriefs, bin ich bewusstlos geworden.

Ich kam ins Bezirkskrankenhaus Haar auf die Intensivstation und anschließend auf die dortige Krisenstation.

Als ich wieder klar bei Verstand war, war ich froh, dass ich überlebt habe. Ich hatte zwar zuvor schon oft Selbstmordgedanken, aber die immer weit wegdrängen können. Ich bin nicht der Typ der kampflos aufgibt. Selbstmord war keine Lösung für mich. Zuvor hatte ich auch noch nie konkret darüber nachgedacht, wie ich mich umbringen könnte.

Es hat mich erschreckt, dass ich durch den Tabletteneinfluss im Selbstmord plötzlich doch einen Ausweg aus allen Problemen gesehen habe.

Für mich selbst deute ich diese ganze Selbstmordaktion als eine Art Hilfeschrei meines Unterbewusstseins. Mein Bewusstsein und mein Verstand waren durch die Tabletten irgendwie ausgeschaltet worden. Die Ärzte sahen das ähnlich und entließen mich schon nach ein paar Tagen mit der Auflage, ich solle nicht gleich nach Hause zu meinem Mann gehen, sondern zuerst bei meinem Vater übernachten.

Schon in der Psychiatrie besuchte mich die evangelische Polizeiseelsorgerin. Sie hatte eine Ausbildung zur Familientherapeutin und schlug vor, in einer Art Paartherapie erst mal die Eheprobleme anzugehen. Schnell wurde klar, dass nur noch Trennung in Frage kam.

Ich hatte mal so nebenbei erwähnt, dass die alte Martina von früher, vor der Schießerei, nie diesen Mann geheiratet hätte. Aber genau das war wohl der springende Punkt.

Mit der Polizeiseelsorgerin traf ich mich noch mehrmals, sie wurde eine Art Therapeutenersatz für mich und neben meinem Betreuer eine zweite Vertraute und Bezugsperson. Überhaupt habe ich eine ganz hohe Meinung von der Frau, genauso wie von ihrem katholischen Kollegen. Den Polizeipfarrer kannte ich schon von der Ausbildung her, und in verschiedenen Lehrgängen oder Vorträgen begegnete man sich immer einmal. Er hatte oft mit einem einzigen Spruch die Sache auf den Punkt genau getroffen, was mich faszinierte. Als es bei der Beerdigung und Aussegnung meiner Mutter Schwierigkeiten gab, hat er ausgeholfen und eine würdige Abschiedsfeier gestaltet.

Mein Mann tat sich schwer mich loszulassen. Er hat mir mal gesagt, es würde ihm nichts ausmachen, dass ich ihn nicht so liebe wie er mich. Mir hat er so leid getan, ich hab mich schuldig gefühlt, dass ich nur eine Art Bruderliebe für ihn empfunden und das erst so spät gemerkt habe.

Ich beantragte die Scheidung.

Unser Haus mussten wir verkaufen und begannen mit Interessentensuche. Das fiel mir unheimlich schwer, da ich mit dem Haus sehr viel mit meiner Mutter in

Verbindung gebracht habe. Sie hatte Kontakte mobilisiert, die uns beim Ausbau halfen oder mit mir Fliesen ausgesucht. Aber es half alles nichts.

Im Mai begann ich bei der Kriminalpolizeiinspektion München-Süd, Kommissariat 431, einfacher Diebstahl und Betrug.

Die Wiedereingliederungsmaßnahme sah dermaßen aus, dass ich zunächst halbtags zu arbeiten begann und nach ärztlicher Rücksprache die Stundenanzahl erhöht werden sollte.

Zu diesem Zeitpunkt lernte ich auch einen neuen Mann kennen, ich hatte mich richtig verliebt und war ganz erstaunt, dass ich überhaupt solche Gefühle entwickeln konnte. Ich war mir sicher, dass ich wirklich Liebe für ihn empfunden habe, das hat mich richtig aufgebaut, dass ich diesmal meinen Gefühlen auch trauen konnte und mich nicht wieder aus den falschen Gründen zu einem Mann hingezogen fühle.

In der Arbeit war ich zunächst geistig unterfordert. Ich bekam – bis auf seltene Ausnahmen – Fälle mit unbekannten Tätern, bei denen kein Ermittlungsansatz vorhanden war oder Fälle mit Kindern und jugendlichen Ersttätern, bei welchen von vornherein feststand, dass das Verfahren eingestellt wird.

Ich sah in der Arbeit keinen ausreichenden Sinn und mir fehlte das Erfolgserlebnis.

Auch bei der Kriminalpolizei hat man Außendienste, vorausgesetzt es gibt einen Täter, wie Wohnungsdurchsuchungen, Festnahmen, Vernehmungen. Aber ohne Waffe Außendienst machen? Daher bekam ich Fälle bei welchen Außendienste unwahrscheinlich waren.

Ich hätte mich auch gar nicht wohl gefühlt als halber Polizist, ohne Waffe, wenn etwas eskaliert wäre.

In den letzten Monaten hatte ich mich zu Hause verschanzt und war zeitweise nicht mal ans Telefon gegangen, habe Freundschaften nicht gepflegt, kaum soziale Kontakte gehabt.

Ich kam nicht damit zurecht, auf dem Weg von und zur Arbeit in einer überfüllten S-Bahn zu sitzen, die Menschenmassen waren mir zuviel. Mit den Kollegen wurde ich nicht recht warm, kam mir wie eine Außenseiterin vor.

Seit der Entlassung aus der Psychiatrie Mitte März war ich relativ stabil, aber jetzt stellten sich wieder diese wellenartigen Gefühlsschwankungen ein, und immer häufiger bekam ich einen Schub, in dem ich in ein tiefes Loch gestürzt bin.

Im September wurde ich Teil einer neu gebildeten Arbeitsgruppe, die sich ausschließlich mit der Sachbearbeitung eines umfangreichen Betrugs beschäftigte. Ich empfand es als angenehm, nicht allein als Einzelkämpfer an irgendeinem Fall vor mich hin zu wurschteln, im Team besprach man die Vorgehensweise und stimmte sich ab.

Es gab eine Art Vereinbarung, ich arbeitete immer noch Teilzeit und hatte die Erlaubnis, auch mal daheim zu bleiben, wenn ich es nicht in die Arbeit geschafft habe oder noch früher als üblich wieder nach Hause zu fahren.

Ich habe experimentiert und festgestellt, umso anstrengender meine Arbeit war, oder umso länger ich geblieben bin, umso schlechter ging es daheim. Oft habe ich auf dem Heimweg schon ohne erkennbaren Grund geheult, wenn die Anspannung nachgelassen hat.

Irgendwie pendelte sich ein Arbeitszeitrhythmus ein, mit dem ich zurecht kam.

2004

Mittlerweile war die Scheidung vollzogen worden und wir hatten das Haus mit großem Verlust verkauft. Ich musste kurzfristig aus dem Haus ausziehen und nahm den Vorschlag von meinem Freund an, vorübergehend bei ihm einzuziehen. Aus der „Übergangslösung" wurden dann doch drei Jahre.

Mein Freund konnte meistens gut mit meinen Problemen und Krisen umgehen, er hat es mehr oder weniger so akzeptiert, wie ich es auch musste. Meine merkwürdigen Gefühlsschwankungen hat er nicht dramatisiert oder überbewertet, aber auch nicht verharmlost oder heruntergespielt. Ich habe mit ihm über alles reden können, und vor allem mit ihm wieder lachen gelernt und meinen Humor wiederentdeckt.

Trotz stabiler Partnerschaft kam ich in der Arbeit immer weniger zurecht.

Als im März die Leiterin der Arbeitsgruppe eine Stellenausschreibung auf einen höherwertigen Posten gewann und versetzt wurde, war das für mich besonders schlimm, sie war für mich mehr als nur eine Kollegin, mit ihr hatte ich ein richtiges Vertrauensverhältnis aufgebaut und sie hatte ein ganz besonderes Einfühlungsvermögen.

Ich wusste schon vorher, dass sie wegkommen würde und hatte mich ebenfalls weg beworben, zur Kriminalpolizei nach Fürstenfeldbruck, wegen der Nähe zu meinem Wohnort und ich wollte raus aus der Großstadt.

Aus fadenscheinigen Gründen lehnte man mich ab. Bitten um persönliche Gespräche wurden abgeblockt. Mein Status, ob ich jetzt polizeidienstfähig bin oder nicht, sei immer noch unklar, und daher meine Verwendbarkeit ohne Waffe eingeschränkt, außerdem würde es im viel größeren Bereich des Präsidiums München bessere Unterbringungsmöglichkeiten für mich geben.

Auch mit Hilfe der Personalvertretung konnte ich nichts erreichen, man „drohte" mir sogar, dass selbst, wenn ich einen Wechsel zur Direktion Fürstenfeldbruck und somit zum Präsidium Oberbayern durchsetzen könnte, ich noch keine Garantie hätte, auch nach Fürstenfeldbruck zu kommen. Schließlich sei Oberbayern ja ein großes Gebiet.

Nach dem Weggang der Leiterin der Arbeitsgruppe wurde der Betrugsfall, der inzwischen umfangreiche Nachermittlungen notwendig gemacht hatte, auf einen weiteren Kollegen des Kommissariats und auf mich aufgeteilt.

Ich war völlig überfordert. In meinem Perfektionismus wollte ich möglichst genau arbeiten und habe mich in Details und Kleinigkeiten verzettelt und schließlich schlichtweg den Überblick verloren. Den „roten Faden" wie ich die Ermittlungsarbeit führen wollte, fand ich nicht mehr.

Mein Psychiater hatte mir immer wieder verschiedene Psychopharmaka verschrieben, die ich in den letzten Monaten ausprobiert hatte, es war nichts dabei das mir geholfen hat, zudem waren die Nebenwirkungen teils heftig. Wenn ich das Gefühl hatte, ein Medikament hilft mir, war die Dosis so hoch, dass ich richtige Blackouts hatte und teilweise am nächsten Tag nicht mehr wusste, was am Vorabend war.

Auch in der Arbeit konnte ich oft mit meinen eigenen Notizen nichts mehr anfangen, die ich am Vortag geschrieben hatte. Ich konnte mich nicht mehr daran erinnern in welchem Zusammenhang ich etwas aufgeschrieben hatte oder bei Stichpunkten, was ich mir dabei gedacht hatte.

Einmal bekam ich von der Schreibkraft eine vom Diktiergerät abgetippte Zeugenvernehmung zurück, ich konnte mich an die Vernehmung gar nicht mehr erinnern.

In einer Besprechung hab ich mal erwähnt, dass mir alles zu viel geworden ist, aber eine schnelle Lösung hätte es eh nicht gegeben.

Und nach außen hin ist es offenbar nicht sonderlich aufgefallen, dass ich meine Arbeit nicht mehr im Griff hatte und man sah keine Notwendigkeit zum Einschreiten.

11. Juni 2004

Anfang Juni hatte ich ein neues Medikament verschrieben bekommen, das ich nach der Arbeit einmal ausprobiert habe. Irgendwie hatte ich gehofft, dass dieses Mittel endlich mal helfen würde, ich hatte das Gefühl, dass es alles nur verstärkt hat. Der Tag darauf war ein Feiertag, den hatte ich zuhause verschanzt mit Heulen verbracht und mich am nächsten Tag in die

Arbeit gequält, zuvor hatte ich wieder ein starkes Beruhigungsmittel genommen.

Mir wurde erst später klar, dass es das gleiche Medikament war wie vor dem Selbstmordversuch.

Ich hätte auch zuhause bleiben können, dachte aber, die Arbeit würde mich ablenken. Zuhause konnte ich ja auch nichts anfangen mit mir.

Nach einer Arbeitsstunde habe ich immer noch gegen die Tränen angekämpft und ich konnte mich auf nichts konzentrieren. Ich meldete mich ab und fuhr heim.

In der S-Bahn beschloss ich, dass ich so nicht mehr weiterleben will. Und komischerweise wurde ich seltsam ruhig, nachdem ich diese Entscheidung getroffen hatte. Ich verspürte zwar die dämpfende Medikamentenwirkung, aber relativ sachlich habe ich geplant, wie ich jetzt vorgehen will.

Zunächst fuhr ich nach Hause und hab mich erst mal umgezogen. Ich hatte eine romantische Blümchenunterwäsche an, die hab ich gegen schwarze getauscht. Ich wollte nicht, dass mich Kollegen in kitschiger Blümchenunterwäsche auffinden.

Die Mutter meines Freundes hat mich verheult heimkommen sehen, wir wohnten über seinen Eltern.

Als ich gerade ein paar Abschiedszeilen schrieb, kam sie, um nach mir zu sehen, weil sie sich Sorgen machte. Den Abschiedsbrief konnte ich noch rechtzeitig vor ihr verstecken und sie überzeugen, dass es mir bald wieder besser geht.

Mein Freund war ebenfalls bei der Polizei und privat im Schützenverein, er besaß mehrere Kurz- und Langwaffen, die alle in einem großen Waffentresor verstaut waren. Ich suchte alles nach dem Tresorschlüssel ab, den Zweitschlüssel verwahrte er in seiner Dienststelle. Hätte ja sein können, dass er den Tresorschlüssel oder eine seiner Waffen versehentlich irgendwo zu Haue vergessen hatte. Nachdem meine Suche ergebnislos blieb, nahm ich alle Tabletten die sich daheim angesammelt hatten und eine Flasche Sekt sowie Messer mit und wollte ursprünglich nach Österreich fahren. Da Fahndungen erst einmal auf örtlichem Gebiet anlaufen, wollte ich möglichst weit weg, und ab ins Ausland war die Lösung für mich.

Aufgrund der Tablettenwirkung und der Heulkrämpfe die mich immer wieder überkamen, konnte ich nicht richtig Autofahren und ich hatte Angst, dass ich es nicht nach Österreich schaffe und vorher einen Unfall baue.

Ich fuhr ins nächste größere Waldgebiet das mir einfiel, raus aus dem Direktionsgebiet in dem ich wohnte, Richtung Augsburg.

Dort fuhr ich in einen nichtöffentlichen Waldweg, bis ich mit dem Auto nicht mehr weiterkam. Ich habe mir beide Handgelenke aufgeschnitten und alle Tabletten mit Alkohol genommen.

Ich weiß noch, dass ich einmal kurz einen Hubschrauber über mir habe kreisen sehen und mich geduckt habe.

Irgendwann in den nächsten Tagen setzte meine Erinnerung wieder ein. Ich lag gefesselt in einem Bett. Überall Infusionsschläuche im Hals und an den Armen. Eine Krankenschwester sagte noch zu mir, ich solle niemandem sagen, dass ich Polizistin bin.

Diesen Rat hatte ich schon mal bekommen, in der Psychiatrie in Haar, dieses Mal war ich in Augsburg.

Ich konnte es gar nicht fassen und fragte mich was ich falsch gemacht hatte, warum ich noch am Leben war.

Kurz darauf bin ich von der Intensivstation in die geschlossene Abteilung der Psychiatrie verlegt worden. Die Verbände an den Armen wurden mir abgenommen, damit man sich nicht daran aufhängen kann. Die Schnittwunden haben sich so entzündet, dass die Fäden vorzeitig gezogen werden mussten. Mit dem Ergebnis, dass ich jetzt besonders hässliche Narben habe die mich jeden Tag an diesen 11. Juni erinnern. Aber bin ja selbst schuld.

Mir wurde gesagt, dass ich wohl mehrere Stunden bewusstlos im Auto gelegen habe, während man schon nach mir gesucht hat. Anscheinend bin ich einmal kurz zu mir gekommen und habe mein Handy eingeschalten.

Über Handyortung konnte man jetzt grob das Gebiet eingrenzen, wo ich sein könnte. Mein Freund hat nicht aufgegeben und immer wieder auf meinem Handy angerufen, ich bin wohl rangegangen, war aber völlig neben mir und konnte nicht richtig beschreiben wo ich war.

Zwei Kollegen die ich kannte haben mich doch noch gefunden.

Die Notärztin hätte zehn Minuten später nichts mehr für mich tun können, meine Atmung war schon gelähmt.

Nachdem mir das alles erzählt worden war, muss ich kurzzeitig ausgerastet sein, weil ich nicht glauben konnte, dass ich so blöd war und mein Handy eingeschaltet habe, und dass ich es überhaupt mitgenommen hatte.

Die nächsten Tage baute ich langsam meine Tablettenüberdosis ab und mein Kreislauf funktionierte wieder halbwegs.

Ein positiver Nebeneffekt von der Überdosis war, dass ich oft seltsam lustig war und bei Kleinigkeiten kichern musste, sonst wäre ich in der Psychiatrie wohl eingegangen. Ich war dankbar, dass das Pflegepersonal mit mir „normaler“ umging, als mit den teilweise wirklich schwer gestörten, unberechenbaren anderen Unterbringungsfällen.

Durch den Suizidversuch meiner Mutter wusste ich ja, welche Vorwürfe man sich als Angehöriger macht, und welches Leid man Menschen aus seinem Umfeld zufügt, die einen lieben und mögen. Es tat mir selbst so leid und ich hatte lange ein schlechtes Gewissen deswegen.

Mir wurde klar, dass ich mein Bewusstsein nicht mehr ausschalten darf, durch bestimmte Beruhigungsmittel oder durch zuviel Alkohohl, und bei Selbstmordgedanken nicht in die Planungsphase übergehen darf. Irgendwie ist das wohl bei mir ein Punkt, wo ich nicht mehr umkehren kann.

Ich hatte die Wahl freiwillig zu bleiben oder mit Beschluss dort untergebracht zu werden. Was bitte ist denn da noch freiwillig?

Die Polizeiseelsorgerin und der Polizeipfarrer setzten sich beide für mich ein. Und das, obwohl ich nicht mal gläubig und gleich nach der Schule aus der Kirche ausgetreten war.

Ich war dankbar, habe mich nicht im Stich gelassen gefühlt.

Beide wurden von den Ärzten nicht als fachlich kompetent eingestuft, mir wurde unterstellt, dass die Seelsorgerin eine Art Muttterersatz für mich sein könnte, und ich musste ins Atriumhaus, eine Außenstelle des Bezirkskrankenhauses Haar und Tagesklinik.

Das war so eine Art Auffangstation für Notfälle und Übergangslösung, dort wurde ich erst Ende August nach zweieinhalb Monaten entlassen und auch erst, als ich einen „freiwilligen“ stationären Therapieplatz in der Trauma-Abteilung des Krankenhauses Harlaching vorweisen konnte.

Als man mir auch hier wieder die Frage gestellt hat, warum ich überhaupt noch bei der Polizei bin, ist mir außer finanziellen Gründen nichts mehr eingefallen.

Im Atriumhaus konnte ich wenigstens abends nach Hause, aber jetzt wieder rund um die Uhr in eine Klinik?

Als ich meinen Klinikaufenthalt antreten wollte und in der Anmeldung stand, habe ich ein Schild gelesen, wann die Ausgangszeiten sind. Ich fragte ob die für mich auch gelten, und mir wurde gesagt, dass man am Anfang gar nicht raus darf.

Ich habe fluchtartig das Krankenhaus verlassen und die Schwester weggeschubst als sie mir den Weg versperren wollte.

Meine Befürchtung, ich könnte zuhause jeden Moment abgeholt werden, erfüllte sich nicht. Zwei Tage später bin ich wieder ans Telefon gegangen, als der Stationsleiter aus Harlaching anrief. Er war sehr verständnisvoll und gab mir zu verstehen, dass es sowieso keinen Sinn hätte, stationär eine Therapie anzufangen, wenn sich alles dagegen sträubt bei mir, er überredete mich zu einer ambulanten Therapie, die seiner Meinung nach unumgänglich sei.

Er vermittelte mich an einen Kollegen von ihm, bei dem ich im Oktober ambulant eine Therapie begann.

Als Trauma-Therapeut war der spezialisiert auf das EMDR-Verfahren. Dabei soll durch abwechselnde Stimulation der beiden Gehirnhälften erreicht werden, dass das Sprachzentrum in der einen Gehirnhälfte besser mit dem Gefühlszentrum in der anderen Gehirnhälfte kommuniziert und ein Trauma so leichter verarbeitet werden kann.

In der Praxis sieht das so aus, dass der Therapeut mit seiner Hand hin- und herwinkt und während man über irgendwelche Situationen nachdenken soll, muss man gleichzeitig mit den Augen dieser Hand folgen.

Funktionierte nicht. Wenn ich mich auf was konzentrieren wollte, hat mich dieses Hin- und Hergewinke genervt und abgelenkt.

Mit Kopfhörern klappte es ganz gut, da waren immer abwechselnd links und rechts Klickgeräusche zu hören. Hat mich nicht gestört, aber hat auch nicht gewirkt.

Meistens war ich eh so labil, dass wir erst gar nicht beginnen konnten, tiefer einzusteigen.

Mich hat auch die berufliche Situation fertig gemacht, ich wusste nicht, wie es weitergehen würde, auch finanziell.

Die Beziehung zu meinem Freund wurde auch immer problematischer. Bei ihm habe ich mich nicht richtig „zuhause“ gefühlt.

Ich sah mich auf meine Rolle als Hausfrau, Köchin, und Putzfrau für ihn reduziert, war antriebslos und unzufrieden mit mir selbst und der Situation, leicht reizbar und überempfindlich. Wir haben kaum noch etwas unternommen, mein Freund war noch nie besonders unternehmungslustig, und ich konnte mich selbst zu nichts mehr aufraffen geschweige denn ihn noch mitreißen. Wir haben nur noch nebeneinander her gelebt.

Im Streit rutschten ihm auch vermehrt Bemerkungen heraus, die auf meine psychischen Probleme anspielten und mich besonders getroffen haben.

Irgendwie hatten wir verlernt, vernünftig miteinander zu streiten.

Es half mir, in den Gesprächen mit dem Psychologen, oft eine andere Sichtweise der Streitpunkte zu bekommen.

Im Oktober 2005 wurde in der Unfallklinik Murnau im Auftrag des polizeiärztlichen Dienstes ein Gutachten über mich erstellt.

Zusätzlich zur Diagnose PTSD kam der Gutachter zu dem Schluss, dass inzwischen eine andauernde Persönlichkeitsveränderung nach Extrembelastung eingetreten war.

Ich hatte den Eindruck, er wollte von mir hören wie ich mir meine berufliche Zukunft vorstelle, damit er sich danach richten kann, um mich nicht noch mehr zu belasten. Aber ich konnte es ihm nicht sagen, ich wusste ja selbst nicht was mir jetzt noch helfen würde.

Es kam schon mehrfach in Therapiegesprächen das Thema vorzeitige Versetzung in den Ruhestand auf. Auch jetzt. Aber mit Anfang 30 in den Ruhestand zu gehen, konnte ich mir nicht vorstellen, weil ich auch nicht wusste was das für mich finanziell bedeuten würde.

Ich habe ihn gebeten, dass ich, wenn ich wieder anfange zu arbeiten, ein gewisses Mitspracherecht bekommen kann, was ich mache. Ich hatte Angst, abgeschoben zu werden. Er hat es entsprechend formuliert.

2006

Aufgrund dieses Gutachtens wurde ich offiziell für polizeidienstunfähig erklärt, was nicht überraschend kam für mich, es war mir schon angekündigt worden.

Aber als ich das Schreiben vor mir hatte, und schwarz auf weiß zu lesen war, dass ich aufgrund meiner psychischen Erkrankung eine Gefahr für mich selbst und für andere darstellen könnte und ich daher ab sofort von vollzugspolizeilichen Aufgaben entbunden bin, hat mir das richtig wehgetan.

Der Gutachter erklärte mich auch zu einem gewissen Grad für erwerbsunfähig und klärte mich auf, dass ich einen Schwerbehindertenausweis beantragen könne.

Schwer behindert zu sein, daran musste ich mich erst gewöhnen; für mich selbst, in meinem Fall, hab ich das als geistig behindert interpretiert.

Auf Anraten auch meines Anwalts habe ich diesen Ausweis beantragt. Die Personalabteilung hatte auch Interesse daran, in der Polizei wurde die Schwerbehindertenquote nicht erfüllt, so, dass man sich mit mir wieder Geld einsparen konnte, mit einem Schwerbehinderten mehr.

In einer Besprechung mit meinem Betreuer und der Personalabteilung wurde vereinbart, dass ich im Juni einen Arbeitsversuch bei der Polizeidirektion Zentrale Dienste starte, mein Betreuer war dort inzwischen Direktionsleiter. Während der Fußball-Weltmeisterschaft wurde dort ein eigener Einsatzabschnitt gebildet, dort sollte ich mich einarbeiten.

Nach erfolgter Einarbeitungszeit sollte ich nach einigen Monaten beim Polizeiarzt vorstellig werden, und auf dessen Weisung sollte danach ein ca. 2 Jahre andauerndes Umschulungsprogramm in den Verwaltungsdienst durchgeführt werden.

Daran durfte ich gar nicht denken. Zum einen hat es mir vor der Umschulung an sich gegraut, zum anderen für den Rest meines Berufslebens irgendwo in der

Verwaltung zu versauern, dafür bin ich nicht zur Polizei gegangen. Höchststrafe.

Ich konnte es mir nicht leisten zu kündigen.

Was hätte ich denn machen sollen? Diese ganze Ausbildung, das polizeispezifische Studium in der Beamtenfachhochschule, war ja überhaupt nichts wert in der freien Marktwirtschaft.

Es hat mich alle Überwindung gekostet, in die neue Dienststelle zu gehen. Sie war im selben Gebäude wie meine alte.

Ich habe in den letzten Monaten einen richtigen Hass auf alles, was mit Polizei zu tun hatte, entwickelt. Wenn ich Streifenwagen irgendwo gesehen habe oder Kollegen in ihren hässlichen Uniformen, ist eine unbeschreibliche Wut in mir aufgekommen.

Und plötzlich wieder in der S-Bahn mit so vielen Menschen zusammen, mit jedem Schritt in Richtung Dienststelle hat sich mein Hals wieder zugeschnürt und mein Magen verkrampft, ich musste mich konzentrieren, ruhig zu atmen.

Irgendwie empfand ich alles viel schlimmer als je zuvor.

Ich erfuhr bei Dienstantritt, dass ich doch nicht wie vereinbart beim Einsatzabschnitt Weltmeisterschaft mitarbeiten würde, sondern wurde einer Verwaltungsbeamtin zugeteilt, die das Sachgebiet Personal leitete,

Beschwerde- und Disziplinar-Angelegenheiten gegen Polizeibeamte.

Eine verantwortungsvolle Tätigkeit, habe ich mir ständig eingeredet, andere wären froh, in so einem Gebiet zu arbeiten; man erhält Einblicke, die nicht jeder bekommt. Bei mir hat es den Hass auf die Polizei noch mehr geschürt.

Die Kollegin war so nett und hat sich bemüht um mich. Ich habe es nicht auf die Reihe bekommen. Stundenweise ging es gut, aber spätestens zuhause kamen die Tränen.

Wieder so viele Leute um mich rum. Menschenallergie.

Wenn ich privat weggegangen bin, was eh nur noch selten vorkam, da ich kaum noch Freunde hatte, habe ich mir immer einen Fluchtweg offen gehalten. Ich musste immer wissen, dass ich theoretisch sofort abhauen kann und nicht auf eine Fahrgemeinschaft angewiesen bin. Allein der Druck, du musst jetzt durchhalten, bis die anderen fahren wollen, hat mich fertig gemacht.

Wenn ich eh schon von vorneherein gemerkt habe, heute ist ein schlechter Tag, bin ich erst gar nicht mitgegangen, da bin ich nur ein Partybreaker, wenn ich da sitz und ständig mit den Tränen kämpfe.

Noch dazu waren im Bekanntenkreis nicht alle wirklich verständnisvoll, was ich auch nicht erwartet hatte.

Gerade für Nichtpolizisten ist das alles ja schwer nachvollziehbar. Der größte „Gefühlstrampel" von allen war der Partner einer Freundin, der hatte mir schon mehrfach sein Unverständnis mitgeteilt und in mir eine Art Sozialschmarotzerin gesehen. Er meinte auch, nach dem ersten und zweiten Weltkrieg seien die Kriegsveteranen ja auch zurecht gekommen, und die hätten wesentlich mehr erlebt wie ich. Ich würde mich schon besonders anstellen. Dem Mann bin ich aus dem Weg gegangen.

Als ich mal bei meiner Freundin zu Besuch war, kam er überraschend früher nach Hause und schaltete die Nachrichten im Fernsehen ein. Es kam ein Bericht über Bruno, einem wilden Braunbären, der im Grenzgebiet zu Österreich sein Unwesen trieb und kurz zuvor erschossen worden war, nachdem Einfangversuche gescheitert waren.

Mehrere Leute wurden interviewt und alle konnten nicht verstehen, warum der arme Bär erschossen worden ist.

Ich sagte was wie: Ich kann es schon nicht mehr hören, hätte der Bär erst jemand verletzen oder sogar töten sollen?

Der Freund ist ausgerastet. Ob ich noch richtig ticke? Ich sei nicht mehr ganz sauber. Ich würde es mir einfach machen, jeden Problemfall gleich zu erschießen, egal ob es sich um ein Tier oder um einen Menschen handelt. Und dabei würde ich ganz vergessen, dass ich ja selbst jetzt der größte Problemfall bin. Und somit auch erschossen werden müsste.

Was sagt man darauf? Ich habe ihn ausreden lassen und gesagt, ich hätte jetzt keine Lust dazu, mit ihm zu diskutieren.

Und jetzt wieder täglich in die Arbeit gehen, zu wissen ich muss jetzt zumindest einen halben Tag durchhalten, ohne Fluchtweg; und selbst wenn ich durchhalte, zu wissen, der Abend ist gelaufen, weil ich heulend im Bett liege, ich wieder keine Kraft habe Freundschaften zu pflegen und noch mehr zu vereinsamen, das war alles zuviel. Das habe ich einfach schon zu oft mitgemacht und inzwischen einfach keine Reserven mehr.

Mein Psychiater hat mich wieder krankgeschrieben, und ich musste regelmäßig bei ihm vorstellig werden.

Die Therapie bei meinem Psychotherapeuten habe ich beendet. Die Treffen wurden immer mehr eine Belastung für mich.

Es kommt mir manchmal vor als ob ich nur noch ein gewisses Kontingent an Energie hab, das gerade mal so reicht, um zu leben. Und selbst da schaff ich es manchmal nicht aus dem Haus zu gehen, um die nötigsten Einkäufe zu erledigen. Oder jemand anzurufen. Eine halbe Katastrophe wenn die Waschmaschine kaputt ist, ein Autoreifen platt, der PC abgestürzt ist,

Behördengänge zu erledigen. Behördengänge sind überhaupt ganz schlimm geworden. Dieser bescheuerte Bürokratismus, da könnte ich ausrasten, da habe ich gar kein Verständnis mehr, obwohl gerade ich ja die Abläufe kennen müsste.

Apropos Bürokratismus. Ich bekam über die Polizeigewerkschaft einen Anwalt gestellt, als mir 2004 nach dem Suizidversuch angekündigt wurde, dass geprüft wird ob mein Gesundheitszustand noch im Zusammenhang steht mit der Posttraumatischen Belastungsstörung. Mir wurden rückwirkend Arzt- und Krankenhausrechnungen unter den Vorbehalt der Rückforderung gestellt, ebenso alle zukünftigen.

Zudem bin ich 2005 nicht zur Hauptkommissarin befördert worden, weil man damals, wegen möglicher zukünftiger Polizeidienstunfähigkeit, meine gesundheitliche Eignung für ein höheres Amt in Frage gestellt hat. In diesem Zusammenhang war es völlig unerheblich, ob die Erkrankung, die zur Polizeidienstunfähigkeit führt, auf einen Dienstunfall zurückzuführen ist oder nicht.

Mir wurde in einem Schreiben zugesichert, dass man mir „sehr gerne“ bei der Durchsetzung meiner Schadensersatzansprüche helfen wolle.

Der finanzielle Schaden bezog sich auf die jetzt nicht erfolgte Beförderung und die möglichen zukünftigen Beförderungen sowie den laufbahnrechtlichen Werdegang, weil ein Wechsel vom Polizeivollzugsdienst in den Verwaltungsdienst auch Gehaltseinbußen mit sich bringt.

Schadensersatzansprüche. Die sollte ich jetzt gegen die in Amerika und Israel lebenden Angehörigen der erschossenen Brüder geltend machen.

Mein Anwalt hat es auch nicht verstanden. Rein moralisch hielt ich es schon nicht vertretbar.

Der Freistaat Bayern hat die Angehörigen dann ohne mich verklagt auf Schadensersatz, nicht wegen des finanziellen Schadens der mir entstanden war, sondern wegen des Schadens, der dem Freistaat entstanden war, entstandene Heilbehandlungskosten und Dienstausfall aufgrund Krankheitszeiten von mir. Der Rechtsstreit lief schon ewig, als ich erstmals im Dezember 2006 aus der Zeitung davon erfuhr.

Nach einer schlaflosen Nacht habe ich den Anwalt der Angehörigen angerufen und klargestellt, dass ich nichts mit der Sache zu tun habe.

Ich habe mich geschämt für den Freistaat Bayern und mich entschuldigt, für das Verhalten des Freistaats. Der Anwalt fand es ganz mutig von mir, dass ich ihn angerufen hatte und bedankte sich dafür. Danach habe ich mich besser gefühlt.

Im Juli 2007 hat der Freistaat – nach mehr als drei Jahren – seine Klage zurückgezogen.

Darüber habe ich mich gefreut, für die Angehörigen, und den Zeitungsartikel darüber aufgehoben.

Im Februar 2007 musste ich zum Polizeiarzt.

Er wollte vorschlagen, dass man mich zeitlich befristet vorzeitig in Ruhestand schickt. Er ging davon aus, dass ich finanziell abgesichert sein müsste, da ich Anspruch auf ein Dienstunfallruhegehalt haben müsste.

Ich hatte bei dem Gespräch den Eindruck, dass die Ruhestandsversetzung vor dem Gespräch für ihn schon feststand und er wissen wollte, ob das in meinem Sinne ist.

Er meinte, dass in meinem Fall ja einiges schief gelaufen sei und wollte Verbesserungsvorschläge ausarbeiten. Er fragte mich, ob ich ihm dazu was beisteuern könne.

Hat mich gefreut, zum einen, dass er es auch so gesehen hat, dass einiges schief lief und zum anderen, dass er jetzt Wert auf meine Meinung legt.

Ich erklärte ihm, dass es für mich hilfreich gewesen wäre, wenn ich schon in der Ausbildung erfahren hätte, was großer Stress für Auswirkungen haben kann und was dieses PTSD, posttraumatische Belastungsstörung, überhaupt ist.

Ruhestandsversetzung. Mir fiel auch keine andere Lösung ein. Ich weiß inzwischen nur eins: Ich will NIE wieder bei der Polizei arbeiten.

Man soll ja niemals nie sagen. Ich sag es trotzdem.

Mittlerweile ist meine Partnerschaft zerbrochen und nach Trennungsschmerz, Wohnungssuche, Umzugsstress, Renovierung war ich wochenlang in ein Loch gefallen, aus dem ich langsam wieder herausgekrabbelt bin. Wie es beruflich weitergeht wusste ich immer noch nicht.

Keine Ahnung, ob ich jetzt zeitweise in Ruhestand geschickt werde und ob das Geld dann noch reicht. Und wie es in zwei Jahren aussieht. Wenn ich dann mittlerweile im Ruhestand sein sollte und dann aufgrund meines geringen Alters, doch wieder reaktiviert werde.

Ich hätte mich selber verrückt machen können mit solchen Gedanken, konnte es aber auch nicht abstellen.

Was ich mittlerweile gut verstehen kann, ist der regelmäßige Konsum von Alkohol, vor allem als „Einschlafhilfe". Auch wenn alle Psychologen behaupten, dass man auf Alkohol nicht gut durchschlafen kann, mir hilft er. Zumindest zum Einschlafen. Zuviel ist auch nicht gut, da bekomme ich meinen „Moralischen" und kann meine Gefühle gar nicht mehr kontrollieren. Ich habe Angst, dass ich mich an das Zeug gewöhne und immer mehr brauche zum Einschlafen.

Was ich auch gut verstehen kann, so erschreckend es klingen mag, ist die Tatsache, dass sich Leute selbst verletzen.

Ich habe die Erfahrung gemacht, umso schlechter es mir körperlich geht, beispielsweise nach einer Operation war das so, oder bei einer schweren Erkältung, aber auch am Tag nach einem übermäßigem Alkoholkonsum oder Medikamentenmissbrauch, umso besser geht es mir psychisch.

Erklären kann ich mir das nur so, dass ich offenbar durch körperliche Schmerzen oder Beschwerden so abgelenkt bin, dass die seelischen Schmerzen in den Hintergrund treten.

Eins ist mir auch klar. Ich darf nicht so viel Zeit mit Gedanken an die Vergangenheit und an die ungewisse Zukunft verschwenden. Da hatte mein Betreuer wieder mal völlig Recht. Man muss im „Jetzt" leben.

Und ich muss mit meinem Beruf abschließen und meinen Frieden finden, dieser Hass auf die Polizei und Behörden im Allgemeinen frisst mich sonst auf.

Es kann nicht sein, dass bei aufkommenden Selbstmordgedanken mich unter anderem der Gedanke davon abhält, dass ich ja dem Staat den größten Gefallen damit tun würde, wenn ich mich endlich umbringe.

Bei unserer Einstellung sagte man uns, der Polizeiberuf ist nicht nur ein Beruf, sondern eine Berufung. Klar. Irgendeine Weltverbesserer-Einstellung und eine Art Helfersyndrom braucht man schon dazu. Hatte ich. Habe ich noch.

Eine Kollegin sagte neulich zu mir, mit dir geht dem Staat eine gute Polizistin verloren.

Find ich auch.

September 2007

Ach ja, wie mein Single-Börsen-Date ausgegangen ist?

Bei unserem Treffen habe ich in wenigen Sätzen stichpunktartig die Ereignisse aus meiner Vergangenheit überflogen, um kein abendfüllendes Gespräch daraus zu machen.

Am nächsten Tag erhielt ich eine Absage per E-Mail. Er erklärte, dass sein Magen gegen mich rebelliert hätte. Aber er könne mit Sicherheit sagen, dass es nicht an meinem Aussehen liegen würde und auch nicht daran, dass ihn meine Vorgeschichte abgeschreckt hätte.

Ich habe es ihm geglaubt. Ich wollte es glauben, dass meine Vorgeschichte keine Rolle gespielt hat, bei seiner Entscheidung gegen mich.

Mai 2008

Anfang Mai 2008 fand ich im Briefkasten per Postzustellungsurkunde meine Urkunde zur Versetzung in den vorzeitigen Ruhestand.

Das Einwurfdatum war Ende April, und der Ruhestand war mit Ablauf des Zustellmonats eingetreten. Ich war schon leicht schockiert als ich gemerkt habe, dass ich bereits seit zwei Tagen im Ruhestand war.

Und die Art und Weise, wie mir jetzt der Ruhestand mitgeteilt worden war, fand ich auch nicht korrekt, aber irgendwie überraschte es mich nicht mehr besonders, sondern passte in mein negativ behaftetes Bild vom Polizeiapparat.

Versöhnlich gestimmt hat mich später ein Gespräch mit dem Polizeivizepräsidenten, zum dem ich mit meinem Betreuer deswegen eingeladen wurde.

Was das jetzt finanziell bedeuten sollte und ob ich jetzt aufgrund Dienstunfallfolge in den Ruhestand versetzt worden bin, konnte mir keiner beantworten, das werde jetzt erst geprüft.

Ich erhielt die Auskunft, dass sich die Prüfung bis zu zwei Jahren hinziehen könnte, falls der gerichtliche Weg notwendig werden sollte. Möglicherweise würde ich in diesem Fall Abschlagszahlungen erhalten.

Eine Panik und Angst vor existentieller Not hat mich in den nächsten Tagen ergriffen, ich wusste nicht, wie es weitergehen sollte, wovon ich meinen Lebensunterhalt bestreiten sollte, wie ich meine Wohnung zahlen sollte.

Ich verstand auch nicht, warum nicht rechtzeitig meine finanzielle Lage geklärt worden ist, obwohl die Behörde ja genug Zeit hatte, um das abzuklären. Meinen Rechtsanwalt habe ich gebeten, sich wieder mal einzuschalten.

Nach wochenlangem Hin und Her ging alles plötzlich ganz schnell, und ich erhielt den Bescheid, dass mir ein erhöhtes Unfallruhegehalt sowie eine einmalige Unfallentschädigung gewährt wird.

Zuerst habe ich es gar nicht glauben können und dem Frieden nicht getraut. Erst ein paar Tage später habe ich verstanden, dass jetzt alles vorbei ist. Zumindest bis zur nächsten Reaktivierungsprüfung.

Mich überkam auch ein schlechtes Gewissen und Schuldgefühle, irgendwie interpretierte meine Seele den Geldsegen wohl als eine Art ungerechtfertigtes Kopfgeld, ich erschieße zwei Menschen und krieg auch noch Geld dafür.

Irgendwann werde ich ihn schon gewinnen, meinen Kampf gegen meine eigenen Dämonen, die mich nicht in Ruhe lassen. Meine depressiven Phasen, sowie die Häufigkeit und Intensität mit welcher ich in regelmäßigen Abständen in ein tiefes Loch falle waren jedenfalls auch schon schlimmer und lassen mich hoffen, dass ich mich irgendwann mal damit abfinde und mich daran gewöhne.

Seit über einem Jahr bin ich – dank Internet – wieder glücklich in einer festen Beziehung, zum Glück ist er nicht Polizist. Und zum Glück entdeckt er wohl noch irgendetwas Liebenswertes in dem, was von mir noch übrig geblieben ist.